Johann Friedrich

Der Reichstag zu Worms im Jahre 1521

Johann Friedrich

Der Reichstag zu Worms im Jahre 1521

ISBN/EAN: 9783743302143

Hergestellt in Europa, USA, Kanada, Australien, Japan

Cover: Foto ©ninafisch / pixelio.de

Johann Friedrich

Der Reichstag zu Worms im Jahre 1521

Der

Reichstag zu Worms im Jahre 1521.

Nach den Briefen
des päpstlichen Nuntius Hieronymus Aleander.

Von

Johann Friedrich,
Mitglied der k. Akademie.

Aus den Abhandlungen der k. bayer. Akademie der W. III. Cl. XI. Bd. III. Abth.

München 1871.
Verlag der k. Akademie,
in Commission bei G. Franz
Akademische Buchdruckerei von F. Straub.

Der

Reichstag zu Worms im Jahre 1521.

Nach den Briefen des päpstlichen Nuntius Hieronymus Aleander.

Von

Johann Friedrich.

Die Bedeutung des Reichstags zu Worms für die Entwicklung der Reformation in Deutschland wurde von jeher genügend anerkannt. Ganz vorzügliche Schilderungen — ich erinnere nur an die Ranke's in seiner deutsch. Gesch. im Zeitalter der Reformation I. Bd. [1]) — besitzen wir bereits über den Gang der Verhandlungen auf demselben. Gleichwohl dürfte es sich der Mühe lohnen, dieselben namentlich auch mit Rücksicht auf die kirchengeschichtliche Entwicklung im 15. Jhrh. näher ins Auge zu fassen, was meines Wissens in eingehenderer Weise noch nicht geschehen ist. Ich glaube, dass sich manches, namentlich auch die Haltung Luthers, in einem neuen Lichte zeigen wird.

Eine Hauptquelle für die Geschichte dieses Reichstages bildeten die Berichte des päpstlichen Nuntius Aleander. Sie wurden schon von Pallavicini in seiner Istoria del Concilio di Trento benützt. Nach ihm schrieb auf Grund derselben Münter in seinen „Beiträgen zur Kirchengeschichte" eine „Geschichte der Nunciatur Hieronymi Aleanders

---

1) Neuestens bearbeitete den Gegenstand O. Walz, der Wormser Reichstag im J. 1521 und seine Beziehungen zur reform. Bewegung, in d. Forschungen zur deutsch. Gesch. VIII, 21—44.

auf dem Reichstage zu Worms 1521." Auf meiner im Herbste 1869 unternommenen Reise nach Rom fielen mir diese Berichte in einer Abschrift auf der Stadtbibliothek zu Trient in die Hände (Cod. Mazzetti 90). Nach einer näheren Vergleichung stellte sich heraus, dass ersterer, Pallavicini, doch nur ungenügende und in seinen Plan passende Mittheilungen daraus machte; letzterer, Münter, hingegen weit mehr nur dasjenige mittheilte, was den persönlichen Charakter Aleanders, als den Gang der Verhandlungen betrifft; und ich glaube, dass durch Münter Aleander in zu ungünstiges Licht gestellt wurde, wie ich sogleich näher auseinandersetzen werde.

Aleander war in seiner Zeit unstreitig ein geistig bedeutend hervorragender Mann. Ich gründe mein Urtheil auf seine Briefe an seinen Schüler Michael Hummelberg in Ravensburg und dieses an jenen, welche sich in einer Handschrift der hiesigen Hof- und Staatsbibliothek finden (Cod. lat. 4007, al. Aug. Jes. 7).

Er galt als Deutscher und wollte selbst als solcher gelten, und mit Stolz blickten die Deutschen auf den berühmten Landsmann an der Universität Paris. Sehnsüchtig wurde der gefeierte Mann in Paris zu seinen Vorlesungen, namentlich über die griechische Sprache, erwartet. Ein deutscher Zuhörer schildert den Beginn seiner Vorlesungen über Ausonius, nachdem er sich über dessen grosse Nachlässigkeit im Lesen beklagt hatte: so viele Zuhörer, darunter die angesehensten Männer, hatten sich dazu eingefunden, dass der Raum nicht zureichte, und Aleander sich genöthigt sah, ein grösseres Local aufzusuchen: einem äusserst zahlreichen Heere glich die Zuhörerschaft. Man betrachtete ihn wie vom Himmel gegeben und Alles rief: Vivat! Vivat! Weitläufiger schilderte Aleander selbst seinem Schüler und Freunde in Ravensburg die Aufnahme seiner Vorlesungen: die hervorragendsten Männer aller Stände, gegen 2000 Zuhörer hatten sich eingefunden. Er setzte dieselben aber nicht lange fort, da ihn anhaltende Kränklichkeit daran hinderte. Mehr als drei Monate musste er (1512) das Bett hüten: Kopf, Magen und Unterleib sind erkrankt. Umsonst sucht er in Frankreich Hülfe; schliesslich hält er sich für behext. Sofort bittet er Hummelberg, sich an einen in diesen Dingen berühmten Abt Deutschlands — er meint Tritenheim — zu wenden oder an andere Kundige. Mit einer gewissen Genugthuung antwortet ihm jedoch dieser: er kenne weder den Abt noch andere ähnliche Leute; sie seien als die abscheulichste Pest des Glaubens ausgerottet, und wenn es dennoch solche gebe, wagen sie sich nicht offen dazu zu bekennen. Uebrigens sei der Grund seines langwierigen Leidens ein ganz anderer. Er habe, wie er ja ihm selbst erzählt habe, von Jugend auf zu viele und unpassende Heilmittel gebraucht, um dadurch die Kräfte seines Geistes und das Gedächtniss zu stärken, statt dessen aber den Körper entnervt, ja vergiftet. Wahrscheinlich diese andauernde Kränklichkeit veranlasste ihn, schon im nächsten Jahre (1513) in die kirchliche Verwaltung zunächst bei dem Erzbischofe von Paris, dann bei dem Bischofe von Lüttich zu treten. Ich erwähne diese Umstände, weil dadurch manche Klagen über Unbequemlichkeiten und Kränklichkeit und wohl auch seine etwas gereizte Stimmung in seinen Berichten aus Worms erst richtig beurtheilt werden können.

Aleander hing aber auch mit grosser Vorliebe an Deutschland. Schon seit 1511 hegte er den Plan, ja er scheint damals sogar den festen Entschluss gefasst zu haben, nach Deutschland überzusiedeln, um auch hier zur Pflege und Blüthe der griechischen Sprache und Literatur beizutragen. Die Ausgaben der alten Schriftsteller in Deutschland hatten seine Aufmerksamkeit ebenfalls erregt: mit Rath und That unterstützt er diese Rührigkeit, und ist er nach Deutschland übergesiedelt, will er gleichfalls in die Reihen der Herausgeber treten; denn, sagt er, er müsste thatsächlich sich den gröbsten Undank vorwerfen, würde er unser Deutschland im Stiche lassen, nachdem er bei fremden Nationen den Saamen gestreut. Und seine folgenden Worte zeigen, welche hohe Achtung er vor der geistigen Begabung des deutschen Volkes hatte. „Ich finde treffliche Geister in Frankreich und Italien, schreibt er, aber beide Völker widmen sich meistens, und nicht ohne Geiz, mit ungewaschenen Füssen denjenigen Künsten, von welchen sie momentanen Gewinn erwarten. Deutschland hingegen sucht, nur aus Liebe zur einen Tugend, immer etwas Neues, woraus es sich vielmehr Ruhm als Gewinn erwirbt; es arbeitet zum gemeinsamen Vortheil der anderen Völker, illustrirt die alten Künste und erfindet neue."[1]) Aleander hatte

---

1) Ep. Hieron. Aleandri ad Mich. Humelbergium, Cod. lat. Mon. 4007. fol. 5. „Bona invenio ingenia in Gallia, bona in Italia, sed utraque haec gens, ut plurimum illotis (non sine

sogar den Plan, darüber ein ganzes Buch zu schreiben. Ich weiss zwar nicht, ob in so früher Zeit schon von einem Anderen die eigenartige Begabung der deutschen und romanischen Nationalitäten so treffend und scharf erkannt oder wenigstens ausgesprochen wurde; jedenfalls ist die Aeusserung im Munde Aleanders doppelt merkwürdig und ein Beweis, dass er keineswegs von Anfang an gegen die deutsche Nation eingenommen war.

Es erfolgten aber auch von Deutschland aus Aufforderungen, dass er diesen an seinem Ruhme theilnehmen lassen wolle. 1512 war namentlich Bebel in Tübingen für Gewinnung desselben für die Tübinger Universität thätig. Leider zerschlug sich aber Alles: ohne öffentliches Stipendium würde er durch Virgil und Homer bei den Studirenden sein Brod nicht verdienen. Umsonst wandte er sich mittels eines warmen Empfehlungsschreibens an einige herzogliche Senatoren in Stuttgart: er erhielt nicht einmal eine Antwort; nur von einem wurde ihm bemerkt: wozu brauchen wir einen griechischen Poeten, da schon der lateinische den Doctoren verhasst ist?[1]) Bebel schrieb seinen Misserfolg aber namentlich den Theologen zu, einem Schlag von Menschen, welche nur an sich selbst ein Wohlgefallen haben, und von deren Abneigung gegen das Griechische auch diese Briefsammlung schlagende Belege gibt.

Gleichwohl blieb Aleander den Deutschen auch später zugethan, sowie seine deutschen Schüler und Freunde sich stets seiner mit Freuden erinnern. Zu Rom bestand unter den Ausländern eine besondere literarische Gesellschaft, welcher auch er (1518) angehörte,[2]) und bei längerem Aufenthalte und besserer Gesundheit hofft er nicht blos für sich und seinen Bischof von Lüttich, sondern auch für seine deutschen Freunde Gnaden in Rom zu erwirken.[3]) Noch 1519 lässt er sich aus Rom den gelehrten Deutschen empfehlen.

avaritiae nota) pedibus sese ad eas artes dat, ex quibus solum praesentaneum lucrum speret. At Germania virtutis unius amore commota semper novi aliquid quaerit, unde sibi potius gloriam comparet quam lucellum: et cum ipsa per se Lacedemonia paupertate commenta sit, in commune aliarum gentium usum laborat, artes veteres illustrat, novas invenit, quas longum esset in praesentia percensere. Reservo mihi super hac re justi conficiendi libelli materiam, quum dabitur quies."

1) Henric. Bebelius ad Mich. Hummelburg. l. c. fol. 13 b.
2) Mich. Hummelberg. ad Ernest. Hess, l. c. fol. 93 b.
3) Hier. Aleander ad Mich. Hummelb., l. c. fol. 96 b.

Dieser Mann nun ward von Rom ausersehen, die katholische Sache gegen Luther auf dem Reichstag zu Worms zu vertreten. Die Wahl war sicher keine schlechte. Hatten sich namentlich die Humanisten auf Seite Luthers geneigt oder gar schon geschlagen, so war Aleanders Ansehen unter ihnen von grosser Bedeutung. Allein Rom wie Aleander selbst hatten sich hierin getäuscht, indem von dem Momente, wo er als päpstlicher Nuntius in Deutschland erschien, ein totaler Umschlag der Gesinnung seiner Schüler gegen ihn eintrat: sie waren seitdem, wie er selbst nach Rom berichtet, seine heftigsten Gegner; die einen flohen ihn wie einen Excommunicirten, die anderen sprachen bei ihm nur ein, um mit ihm zu Gunsten Luthers zu disputiren, während er von anderen Humanisten ein Verräther der schönen Wissenschaften, Schmeichler der Curtisanen und Vertheidiger der Predigermönche genannt wurde.

Gleichwohl kam er, wie er sich wenigstens selbst schmeichelte, zu einem für Rom günstigen Ziele. Um dieses zu erreichen, handelte es sich vor Allem darum, die Angelegenheit Luthers rein formal zu behandeln,[1] d. h. nicht auf eine Untersuchung der materiellen Wahrheit oder Unwahrheit seiner Lehren einzugehen, weshalb man in den Verhandlungen mit Luther stets auf die Frage nach der Lehrautorität in der Kirche absprang. Wir sehen dies z. B. zwischen Luther und Card. Cajetan, auf der Leipziger Disputation zwischen ihm und Joh. Eck verhandeln, so dass man den Beginn des lutherischen Streites eigentlich auch als ein Vorspiel zu dem jetzigen Streit innerhalb der kath. Kirche bezeichnen könnte. Schon die Responsio D. Martini Lutheri ad dialogum Silvestri Prieriatis de potestate papae 1518 — ebenso andere Schriften muthen stellenweise den Leser an, als ob er Schriften über die päpstliche Infallibilität aus der Gegenwart vor sich hätte.

Luther hatte anfänglich in dieser Beziehung keineswegs schon eine besondere, scharf durchgebildete persönliche Ansicht, sondern stand vielmehr hierin in vollem Einklang mit der deutschen Nation.[2] Diese

---

[1] Seckendorf, Ausführl. Historie des Lutherthums Leipzig 1714. col. 331; Commentaries ... de Lutheranismo. Francof. et Lips. 1688. pg. 214 — gibt an, dass nach Maimburg dieser Plan vom Kaiser, richtiger aber nach Varillasius von Chievres ausging.

[2] Acta D. Mart. Lutheri Augustae ap. Card. S. Sixti Rom. Pont. Legatum, bei Schmidt,

hatte sich nämlich vorzüglich die Beschlüsse der IV. und V. Sitzung des Concils von Constanz, welche das Basler Concil später wiederholte, zu sichern gesucht, nach welchen der Papst, wie jeder andere Christ, den allgemeinen Concilien in Glaubenssachen unterworfen sei. Durch die Concordate der deutschen Nation war ihr auch Seitens der Päpste Eugen IV. und Nicolaus V. das Recht gewährt worden, daran festzuhalten. Diese Concordate wurden fortan von der Nation immer wieder Rom ins Gedächtniss zurückgerufen. So 1500, 1510,[1]) und gerade der Bischof von Lüttich, in dessen Auftrag Aleander nach Rom gegangen war, liess ebenfalls über Verletzung dieser Concordate in seiner Diöcese klagen. Vom Reichstag zu Augsburg 1518 ist noch ein Decret erhalten, worin er die Durchführung der Concordate in seiner Diöcese erlangte.[2]) Keiner kannte darum genauer die Concordate und mahnte öfter, sowohl während des Wormser Reichstags als nach demselben in zwei zu Rom abgefassten Denkschriften, Rom an deren Haltung als Aleander. Es war deshalb auch in Deutschland zur Zeit des Ausbruches der Reformation fast kein Concil höher gehalten, als das zu Constanz, wie Aleander selbst sagt; für unsere Nation stand es fest: dass das Concil in Glaubenssachen über dem Papste stehe. Und der nämlichen Ansicht begegnen wir nun aber auch bei Luther überall in seinen Schriften vor dem Reichstag zu Worms.[3]) Ausdrücklich spricht er sie aber in seiner Appellatio a Papa ad Concilium aus: Sed cum satis sit in professo, quod ss. Concilium

---

D. Mart. Lutheri Opera latina II, 391: Elevent juristae suas traditiones, multo magis nos theologi puritatem scripturae servemus, eoque magis, quo videmus nostro saeculo surgere nocentissimos adulatores, qui summum pontificem ultra Concilia elevent, scilicet ut uno concilio per alterum reprobato nullum nobis certum relinquatur, tandem omnia simul conculcet unus homo, papa, idem super concilium et infra, supra, dum potest damnare, infra, dum accipit a Concilio autoritatem, tanquam a majori, qua fit supra concilium. Sunt quoque, qui papam non posse errare et supra scripturam esse impudentissime jactitent, quae monstra si admissa fuerint, scriptura periit, sequenter et ecclesia, et nihil reliquum erit, nisi verbum hominis in ecclesia, sed quaerunt hi adulatores invidiam, deinde ruinam et perniciem Romanae Ecclesiae.

1) Meine Schrift: Das päpstlich gewährleistete Recht der deutschen Nation, nicht an die päpstliche Unfehlbarkeit zu glauben. München 1870.
2) Kapp, Nachlese nützlicher Ref.-Urk. II, 400 ff. 417 ff.
3) Z. B. Responsio ad Dialog. F. Silv. Prioritatis. — Resolutiones disput de virtute indulgentiarum. — Acta Augustae ap. Card. S. Sixti Rom. Pont. Legati.

in Spiritu s. legitime congregatum, sanctam ecclesiam cath. repraesentans, sit in causis fidem concernentibus supra papam, evenit, quod nec papa in causis hujusmodi, ne ab eo ad concilium appelletur, statuere possit...[1] Ja, die Appellation vom Papste an das Concil war nichts Ausserordentliches oder Incorrektes, sondern nur die Einhaltung der Procedur, welche der deutschen Nation durch ihre Concordate garantirt war. Und wenn Pallavicini meint, es liege in dieser Appellation Luthers die Forderung, wegen eines einzigen Mannes ein allgemeines Concil berufen zu sollen: so vergisst er dabei nur, dass die deutsche Nation auf Grund der Concordate das Recht hatte, von je 10 zu 10 Jahren die Berufung eines solchen vom Papste zu fordern, und dieser wiederum verpflichtet war, es zu berufen.

Nebenbei hatten sich aber in den theol. Schulen wieder verschiedene Meinungen gebildet: in Deutschland und Frankreich hielt man nämlich an der Ansicht der Vorkämpfer der Constanzer Beschlüsse fest, dass solche Aussprüche der Concilien zugleich infallibel seien, was in dem Decrete von Constanz freilich nicht ausgesprochen ist. Diese theologische Meinung nun sollte auf dem Wormser Reichstag den Ausschlag gegen Luther geben.

Aleander war schlau genug, obwohl er der anderen, römischen Meinung von der Superiorität des Papstes über dem Concil und der Unfehlbarkeit des Papstes anhing, sich auf den Standpunkt der deutschen Nation zu begeben und namentlich mittels des Concils von Constanz gegen Luther zu wirken, da dieser einige Thesen aufgestellt hatte, welche sich unter den zu Constanz verdammten hussitischen befanden, ein Punkt, welcher Luther schon vorher gegenüber Eck manche Verlegenheit bereitet hatte, so dass er sich bei der Leipziger Disputation genöthigt sah zu erklären: diese Artikel seien erst später in die Akten des Concils eingeschoben worden, oder das Concil habe nur im Allgemeinen über sämmtliche Artikel des Hus Noten ausgesprochen, und man wisse deshalb nicht, welche derselben als häretisch und irrig, oder nur als unbesonnen und fromme Ohren verletzend betrachtet werden müssten.[2]

---

1) Schmitt II, 439.
2) Schmitt III, 75.

Lieber wäre es Aleander freilich gewesen, wenn er einfach mit dem Hinweis auf die Verdammung Luthers durch den Papst hätte zum Ziele kommen können. Anfänglich wollte er wegen der Erfolge, welche er mit der Bulle hinsichtlich der Bücher Luthers beim Kaiser in den Niederlanden erzielt hatte, zwar fest daran glauben, dass er mit der Durchführung der Bulle allein schon den Brand in Deutschland ersticken könne. So schreibt er von Mainz aus, nachdem der Cardinal durch Trompetenschall im ganzen Lande die Leute hatte zusammenrufen lassen, um der Verbrennung der lutherischen Schriften anzuwohnen: dieser Akt sei sehr heilsam und nützlich, weil dadurch nicht blos in Deutschland, sondern auch unter anderen Nationen weit besser die Verdammung solcher Bücher bekannt werde, als durch blose Intimation der Bulle bei den Ordinarien. Dann würde auf Laien, die durch Predigt und Lectüre solcher Schriften inficirt seien, ein solches durch apostol. Autorität und kaiserliche Execution angezündetes Auto-da-fe entschieden vortheilhaft wirken. Deshalb rathen die geheimen Lutheraner immer von diesem Akte ab, und die offenen suchen auf alle Weise ihn zu verhindern; aber, meint er, wenn Luther nicht zum Widerruf bewogen werden könne, so gebe es keinen besseren, ja keinen anderen erspriesslichen Weg als diesen. Würde er noch die Prediger- und anderen Mönche, sowie die Pfarrer zu Predigten gegen Luther und seine Bücher veranlassen, dann, glaubte er thatsächlich, würde bald die ganze Bewegung zu Ende gehen. Konnte er doch — jedenfalls aber auf unrichtige Informationen hin — noch vor Eröffnung des Reichstages nach Rom berichten: das Volk bessert sich täglich mehr durch diese Predigten und Brände und wird sich noch mehr in der Advents- und Fastenzeit bessern. Im Uebrigen hoffe er, dass mit Gottes Hülfe und der Güte des Kaisers[1]) auf dem Reichstage ein Heilmittel auch gegen die anderen werde gefunden werden.

---

1) Münter S. 72 lässt Aleander vom Kaiser sagen: „wenn er fortfahren wird, wie er angefangen hat, wird er alles sich selbst zu Nutzen ziehen und der Kirche wenig geben." Das wäre allerdings ein offener Widerspruch mit Aleanders sonstigen Aeusserungen, allein die Stelle heisst: Sed prae ceteris et spes et ratio vincendi in Cesare tantum est, el qual sel perseverà come ha cominciato, tutto si portarà ad vota, et daressi pace alla Chiesa. Auch Walz S. 27. u. 3 ist durch Münter zu einem unrichtigen Urtheile über den Kaiser verleitet worden.

Namentlich findet er, dass die Schrift Luthers de captivitate babylonica sehr zu seinem Vortheile erschienen sei. Andere Schriften desselben werde er aber zu erhalten suchen und verbrennen. Da er auf den Kaiser unbedingt rechnet, mit seiner und Anderer Hülfe auch den Churfürsten von Sachsen zu gewinnen hofft und überdies nach der, auch bei Münter vollständig mitgetheilten Charakteristik der Fürsten und Bischöfe die Mehrzahl derselben für sich zu haben glaubt, geht Aleander immerhin voll Hoffnungen zum Reichstag, „wenn auch der Himmel etwas umwölkt ist."

Er hatte sich getäuscht, und zwar schon im Kaiser selbst. Dieser war wohl streng orthodox gesinnt, aber noch jung und unerfahren und in einer keineswegs günstigen politischen Lage. Man kannte letztere auch in Deutschland und war deshalb nicht abgeneigt, des Kaisers Willfährigkeit gegen Aleander in Brüssel diesem Umstande zuzuschreiben.[1]) Es kam daher Aleander namentlich darauf an, die hervorragendsten Räthe und den Beichtvater des Kaisers für sich zu gewinnen. Die einen sind ohnehin schon der „Sache Roms" gewogen, wie der Beichtvater, welchen Gefälligkeiten Seitens des Papstes billiger stimmten; auch sonst empfiehlt Aleander angelegentlichst, dass Rom durch Nachgiebigkeiten die bei einzelnen, wie dem Bischof von Tuy, vorhandenen Missstimmungen beseitigen möchte. Ein gleiches Verfahren empfahl er übrigens auch hinsichtlich der Anderen, der Fürsten und Bischöfe; selbst mit Geld niedere Bedienstete zu gewinnen scheute er sich nicht, und ich zweifle nicht, dass er hiedurch schneller zum Ziele gekommen wäre, hätte Rom die lutherische Sache überhaupt nur für so wichtig gehalten, dafür besondere grosse Auslagen zu machen. Auf Aleanders Charakter wirft übrigens die Anwendung dieses Mittels gewiss kein nachtheiligeres Licht, als auf den anderer Legaten und Personen. Es scheint mir dies damals überhaupt im Schwunge gewesen zu sein, ohne dass darin etwas

---

1) Humelberg an Melanchthon (Cod. lat. M. 4007. fol 130 b): Quod te vidisse scribis Caesarianum edictum in omnes civitates Baevicae Confoederationis nostrae transmissum, sed non obviis ulnis ab omnibus exceptum; suspicantur enim multi, quod forte res est, non ob tuendam fidei veritatem, sed papisticam aurum exprimendam effectum, neque tam cruentum esse Caesarem, ut Lutherum omnino saeviter perdere velit, sed aliquo modo verba dare, et os subliuire papistis, donec res suas in meliorem statum collocarit.

Gravirendes gesucht worden wäre. Man braucht doch nur an das Pensionenwesen an dem römischen, wie anderen, z. B. deutschen Höfen zu denken. Und als der auch von Ranke gefeierte Contarini das Religionsgespräch zu Regensburg leitete, scheute er sich ebenfalls nicht, dieses Mittel in Aussicht zu nehmen. In seinen Briefen aus Regensburg sagt er, dass er es namentlich auf Melanchthon, der ihm als dafür zugänglich bezeichnet worden zu sein scheint, abgesehen habe. Gleich beim Beginn des Reichstages ging denn auch ein ähnliches Gerücht hinsichtlich Luthers, worüber Aleander berichtet: „Dieser Basilisk, der Sachse, sagte in den vergangenen Tagen zu drei Churfürsten, dass der Papst dem Martin gern ein grosses Erzbisthum und auch den Cardinalshut geben wollte, damit er widerrufe, und dass er es sehr bestimmt wisse. Der Trierer, fährt Aleander fort, sagte mir, dass der Papst bereits ein solches Anerbieten dem genannten Luther gemacht habe, woran die ganze Welt Aergerniss nehme." Aleander hatte nur zu erwidern, dass er, wenn überhaupt Jemand, davon wissen müsste, allein er habe keine darauf bezügliche Commission. Er möge sich nicht über die gewissenlose und offenkundige Lüge eines Mannes wundern, der keine Scheu hatte, die Kirche Gottes zu ruiniren. So sehr bemüht er sich, auf alle Wege sein diabolisches Unterfangen zu Ende zu führen.

Der bedeutsamste Mann in der Umgebung des Kaisers war aber ohne Zweifel sein Erzieher, Chievres: er leitete die kaiserliche Politik und zum Leidwesen Aleanders zog er gerade auch die Angelegenheit Luthers in seine politischen Combinationen. Während Aleander so schleunig wie möglich den Kaiser zum Handeln bestimmen wollte und meinte, auf diesem Reichstage müsse „das Aeusserste an Macht" versucht werden, glaubte Chievres zum Temporisiren, wie Aleander schreibt, rathen zu sollen, da er keine Krone Karls aufs Spiel setzen und die Unterstützung der Deutschen bei der Romfahrt des Kaisers erlangen wollte. Schon Münter hat eine Unterredung Aleanders mit Chievres mitgetheilt, worin dieser unverhohlen seine Ansicht dahin ausspricht: „macht, dass der Papst seine Pflicht thue und aufrichtig gegen uns handle, so werden wir auch alles thun, was S. Heiligkeit haben will", und „sagt, dass Euer Papst unsere Sachen nicht verwirre, dann soll S. Heiligkeit auch von uns alles erlangen, was er begehren kann; sonst aber wird man ihn in solche Verwirrungen bringen, dass er Mühe haben soll, sich herauszufinden." Wenn sich übrigens Aleander bei dieser Unterredung stellte, als ob er nicht wüsste, wovon Chievres spreche, so sollte er es bald erfahren. Die dem Kaiser zunächst Stehenden liessen ganz offen sich dahin vernehmen, dass der Papst ganz auf Seite der Franzosen stehe; seine Schweizertruppen erregten grossen Verdacht, und an diesem Morgen, berichtet er einmal, sagte Einer der hervorragendsten Fürsten, dass der kaiserliche Gesandte in Frankreich geschrieben habe: der allerchristlichste König habe sich gerühmt, der Papst habe ihm 6000 Schweizer gegen Neapel überlassen. Wieder ein anderer sagte ihm: der Papst gallisire, aber der Kaiser werde trotzdem seine Pflicht thun, wenn er nur nicht zu gröblich, namentlich durch geheime List, beleidigt werde. Endlich berichtet der Nuntius, dass der Kaiser selbst eine leise Andeutung darüber ihm gegenüber fallen liess.[1]) Aleander bezweifelte diese Worte des Königs von Frankreich; sollte er sie aber wirklich gesprochen haben, so wollte er damit gewiss nur erreichen, dass der Kaiser in der Sache Luthers seine Pflicht gegen den Papst nicht thue, wodurch freilich S. Heiligkeit gezwungen würde, die Franzosen zu begünstigen. Nur beim kaiserlichen Beichtvater scheint er günstigeres Gehör gefunden zu haben: sie conferirten häufig Stunden lange miteinander über die luth. Angelegenheit und Irrthümer, damit Glapio beim Examen wohl unterrichtet sei. Für die Anderen wusste er keinen weiteren Rath, als Breven für sie zu schicken: namentlich sei dies hinsichtlich des Kaisers gut, ja nothwendig; es müsste in demselben sein guter Wille anerkannt und er zum Ausharren ermahnt werden; vier Worte der Credenz dürften beigesetzt werden. So würde die Sache wieder aufgefrischt werden. Andere Breven sollten so schnell wie möglich an die Commissäre und Cardinäle gelangen und an Chievres würde am besten der Staatssecretär selbst einen französichen Brief richten.

Trotz Allem sieht man aus den Briefen Aleanders, dass seine

---

1) Hoggi Cesar disse ohei S.** mai havera Imperator o Principe più obediente figliolo che lui, pur che S. S. non li facci torto... racvordo adunca reverentamente S. S. habbi cura in questi tumolti non dispiacer a questo Principe.

Verlegenheit von Tag zu Tag wuchs. Und wenn er anfänglich noch schrieb: er hoffe in Allem nur guten Erfolg, obgleich dieser ganze Norden in Tumult begriffen sei, so gingen seine Pläne entweder nicht durch oder nur sehr langsam vorwärts. Sogleich sein erstes Verlangen missglückte. Er wollte nämlich wie für die Patrimonialländer des Kaisers auch ein gleiches Mandat für das Reich und ganz Deutschland erlangen, sowohl gegen die Person Luthers als die Buchdrucker, nach Form des Decretes des V. laterauensischen Concils; die Strafe kaiserlichen Bannes sollte ihm Nachdruck verleihen. Früher hatte man dieses Ansinnen mit Hinweisung auf die Incompetenz des Kaisers vor der Krönung zu Aachen beseitigt; um so mehr drang Aleander jetzt darauf. Allein auch jetzt stiess er auf taube Ohren, weil es grossen Aufruhr veranlassen würde. Die Einen meinten, es würde am besten sein, Luther kommen zu lassen, freilich nur um zu widerrufen; die Anderen riethen, man müsse ihn zur Rücknahme alles dessen anhalten, was schon von den allgemeinen Concilien und Kaisern verdammt sei, so dass es scheint, setzt Aleander bei, sie wollen weder von dem gegenwärtigen noch von den alten Päpsten eine Erwähnung thun und die Punkte über die Gewalt des Papstes unerörtert lassen, oder Büberei! Doch wurde er noch am Morgen des anderen Tages — leider fehlt das Datum! — in den Rath berufen, wo er eine Rede über Luthers Irrthümer hielt. Er hob diejenigen aus, welche nach seiner Meinung die verdammenswürdigsten und den Anwesenden widerwärtigsten sein durften, und bewies seine Behauptungen namentlich aus dem neuen Testamente, auf welches Luther ja sich am meisten zu stützen vorgebe, aus den Concilien und alten Doctoren der lateinischen und griechischen Kirche, da der Hund die neueren Theologen und Decretisten ganz und gar nicht hören will, ja alle verlacht und für verdächtig erklärt. Als der Nuntius die Fürsten, deren viele anwesend waren, hinreichend unterrichtet und der Sache günstig zu sein glaubte, wiederholte er neuerdings sein Gesuch um Expedition des Mandates und andere geeignete Mittel.[1]) Da wurden sie in einer

---

[1]) Aleander hat demgemäss allerdings zwei Reden zu Worms gehalten, wie Varillasius angibt; aber sie ging offenbar der Rede vom Aschermittwoch voraus. Cf. Seckendorf, De Lutheranismo §. 8). p. 214

anderen Sache zum Kaiser gerufen. Der Beschluss ging jedoch schliesslich dahin, dass man die Ankunft des Cardinals von Mainz als Erzkanzlers von Deutschland abwarten müsse. Aleander trat inzwischen in den geheimen Rath und hatte eine Unterredung mit dem Grosskanzler, welchen er noch immer in der Phantasie befangen fand, dass es am besten sein werde, Luther auf den Reichstag kommen zu lassen. Wenn er widerrufen würde, meinte Aleander, würde auch er damit einverstanden sein; allein dies werde er in Ewigkeit nicht thun; das Schlimmste dabei aber sei, dass Luther kraft seines Geleitsbriefes nicht bestraft werden könnte und alle Welt daraufhin seine Lehre für bestätigt halten würde. Deshalb wünschten auch die Lutheraner die Ankunft ihres Muhamed so sehr und verbreiteten sie bereits, dass er kommen und Wunder thun werde. Zuletzt entliess ihn der Kanzler mit dem Versprechen, guten Befehl zu ertheilen. Als der Nuntius an dem nämlichen Tage mit Chievres beim Bischof von Lüttich zu Mittag speiste und dort noch viele Fürsten fand, wurde die Erörterung der Sache lebhaft weiter geführt, und schliesslich glaubte er auf guten Erfolg rechnen zu dürfen. Gerne würde er mit Luther disputiren, bemerkt er noch, wenn er nicht die Commission des Papstes hätte und es nicht zum Schaden seines Namens geschähe, da er die Autorität des Papstes in die Controverse bringen und vor Laien als incompetenten und von der Häresie inficirten Richtern stehen würde. Er suchte einen anderen Weg.

Endlich, aber nur mit Mühe erhielt er erst am Vorabend des Aschermittwochs die Erlaubniss des Kaisers, am folgenden Tage eine Rede vor dem versammelten Reichstag zu halten. Damit war ihm aber sein Hauptschlag geglückt und die Sache Luthers eigentlich entschieden. Wir haben davon keinen authentischen Bericht, da er nach seiner eigenen Angabe sie weder vorher schriftlich concipirte, noch nachträglich niederschrieb. Dennoch referirte er Tags darauf in Kürze dem Staatssecretär darüber. Aehnlich wie er einst die Eröffnung seiner Vorlesungen zu Paris 1511 schilderte, beschreibt er diesen Vorgang vor dem Reichstage: Alle zur Theilnahme Berechtigten hatten sich eingefunden, nur Churfürst Friedrich simulirte Unpässlichkeit und sandte seinen Stellvertreter und einige Räthe. Nur die lange Beschäftigung mit der verfluchten Sache habe ihn befähigt, nach so kurzer Zeit mehr als drei

Stunden zu sprechen, er hätte aber noch vier Stunden darüber sich auslassen können. Von mehreren Seiten hörte er, dass er recht passend und zur Sache und glücklich gesprochen habe, obwohl er selbst fühle, dass es nur eine mittelmässige und nicht ganz glückliche Rede war. Der Erfolg sei nur der Gnade Gottes, der gerechtesten Sache, welche er vertrat, und den gräulichen Ueberschwänglichkeiten Luthers zu danken. Er habe die Bücher Luthers zur Hand gehabt, zuerst daraus die Sätze angezogen, dann widerlegt; hierauf gezeigt, welche Unzukömmlichkeiten daraus erfolgen könnten, sowie die Schmach und Infamie, welche der deutschen Nation daraus erwachsen müssten. Auch habe er nicht vergessen, sie daran zu erinnern, dass das Reich nur durch jene Künste erhalten werde, durch welche es entstanden sei; dass sie eingedenk sein möchten, dass Karl d. G. und die Ottonen das Kaiserreich Deutschlands (l'imperio di Germania) durch ihre Begünstigung des apostolischen Stuhles von diesem erwarben, ebenso das Churfürstenthum; womit er nach späteren Rathschlägen, welche er in Rom gab, sagen wollte, dem Papste stehe es zu, sowohl die Kaiserwürde, wie die churfürstliche den Deutschen wieder zu entziehen; denn er schlug 1522/3 allen Ernstes dem Papste vor, den Churfürsten Friedrich seiner churfürstlichen Würde zu entkleiden.¹) Endlich, fährt er fort, habe er sich noch über das Concil von Constanz und die Böhmen verbreitet, ebenso über viele andere Dinge, welche anzuführen zu lang wäre. Die Secretäre des Sachsen, fügt er bei, haben allein seine, aus Mangel an Zeit in der Sprache des

---

1) De duce Saxone Fridorico diu multumque mecum considerans et in utramque partem quae dici possent hinc inde discutiens, saepissime etiam unde animus meus illuminaretur, divinum numen precatus, in eam tandem descendi sententiam, ut Pontifex, postquam a Rmo. Legato fuerit certior factus, Ducem istum nullis commonitionibus, nullis precibus, nullis blanditiis flecti posse, sed vel manifeste in malo proposito perseverare, vel (quod facere novit) nonnisi dolosa verba dare, posthabita tandem omni formidine, in nomine D. N. I. Cbr., habito cum Cesare et aliquibus Imperii principibus, qui ad hoc facinus condescendent, secreto consilio ad ipsius damnati declarationem et tandem Electoratus privationem procedat, reliqua ipsius bona publice proscribat; Electoratum vero vel Ducibus Brunsticensibus vel Duci Georgio Saxoni orthodoxo Principi, vel etiam Ferdinando adjudicet. Aut si forte hoc ad Caesarem spectat, quemadmodum alias in familiam hujus Ducis translatum est, Caesar ipse pro suo nutu, postquam privatus fuerat, disponat. Non consulerem hanc rem esse Caesari et Imperio publice proponendam, quia si non obtineretur, quod fortasse ex amicitiis, quas Dux habet, accidere posset, esset novissimus error priore pejor.

Clerus gehaltene Rede aufgeschrieben. Sofort hätten sie ausgesprengt, er habe gehässig von ihrem Fürsten gesprochen, was falsch sei; aber diese Bestien fingiren immer in unkluger Weise solche Dinge, um Veranlassung zum Schmähen und zum Aufreizen ihres Fürsten zu haben, da sie äusserst lutherisch sind. Uebrigens sage er wohl, dass er des Churfürsten, wenn er anwesend gewesen, nicht geschont hätte, da einmal gute Worte ihn nicht mehr umändern können, und der Kaiser und Chievres zuerst Caraccioli, dann ihm und zuletzt dem Churfürsten von Mainz gesagt hätten: er solle sich durch nichts abhalten lassen, Alles zu sagen, was ihm zweckdienlich sei, was er auch ohne Furcht und Angst gethan habe. Er habe gesprochen, als ob er zwanzig Knaben eine Lection gebe, obwohl ihm viele lutherische Fürsten hässliche Gesichter machten und vorher oft hatten drohen lassen.

Ich kann nicht begreifen, wie noch Münter bemerken kann: „Aleanders drei Stunden lange Deklamation fruchtete nichts, so grosse Mühe er sich auch gab, Luthern und seine Lehre mit den schwärzesten und gehässigsten Farben darzustellen." Denn Aleander selbst war mit dem Erfolge ausserordentlich zufrieden. Gegen Ende März noch schrieb er nach Rom: die Sache Luthers werde zu Worms sehr kleinmüthig betrieben und er begreife jetzt, was ihm Viele sagten, dass seine Demonstrationen an Aschermittwoch viel genützt haben, was er kaum geglaubt hätte. Es kam dies aber daher, weil die Vornehmen und Fürsten nur die Schmähungen Luthers gegen Papst und Clerus gelesen hätten, nicht aber die Bücher über die Sacramente und jene, worin er alle Artikel des Joh. Hus billige. Nachdem er dies aber in der Reichsversammlung durch Producirung und Verlesung seiner Bücher gezeigt, hätten viele, ja die meisten Fürsten begonnen, den Menschen zu verabscheuen; und wenn der Hass gegen Rom nicht wäre, würde die Sache nach seinem Dafürhalten bereits erstickt sein; denn schon seit zehn Tagen sehe er die Verstimmung sich mildern. Möge darum Gott geben, dass sie nicht wegen einiger vorborgenen Ursachen uns täuschen, was sie entschlossen sind zu thun, seit sie die Ueberzeugung gewonnen haben, dass man auch vom Papste dissentiren und doch guter Christ sein und der kath. Glauben bestehen könne. Factisch sehen wir auch, dass die Sache Luthers ferner nur von dem Gesichtspunkte Aleanders aus behandelt wurde: dass nämlich Luthers Sätze schon von den Concilien, namentlich dem von Constanz, verdammt worden seien. Wir erkennen dies insbesondere aus „der churfürstlichen gelehrten Räthe aufgesetztem Bedenken wegen der Bulle Eugenii IV, welche der päpstliche Legat Aleander in seiner Oration mit vorgezogen, und daraus des Papstes Oberherrschaft behaupten wollen." [1]) Der Protest ist nämlich keineswegs gegen die ganze Art der Beweisführung Aleanders erhoben, sondern nur dagegen, dass er gegen das durch die Concordate begründete Recht der deutschen Nation, die Superiorität der Concilien über dem Papste zu behaupten, die Superiorität des Papstes mittels des von der deutschen Nation nicht anerkannten Concils von Florenz zur Geltung zu bringen suchte. Die Autorität des Concils von Constanz wurde dadurch aber neuerdings befestigt. Und namentlich scheint der Kaiser eine nur um so tiefere Abneigung gegen Luther seitdem gefasst zu haben. Damals langte ein Brief Luthers beim Kaiser ein, dass dieser ihm Recht widerfahren lassen wolle. Als aber Karl desselben ansichtig wurde, zerriss er ihn und warf ihn auf den Boden, was Aleander eine grosse Demonstration und ein Zeichen nennt, wie der Kaiser die Angelegenheiten Luthers achte.[2])

Es handelte sich nunmehr doch nur noch darum, wie die Angelegenheit zu Ende geführt werden solle. Das wussten aber die Räthe des Kaisers selbst nicht. Es sei eine Schande vor der Welt, schreibt Aleander, von Tag zu Tag, ja von Stunde zu Stunde werden andere Beschlüsse gefasst, aber nie einer durchgeführt; alle seine Dispute, Instructionen, Intercessionen und Mühen hätten zu Nichts in dieser Beziehung geführt; doch trage der Kaiser keine Schuld, der immer guter Gesinnung war, sondern lediglich sein Rath, von dem der eine diese, der andere jene Rücksicht habe. Auf diese Weise haben sie die Sache so weit gebracht, dass man nicht mehr wisse, was zu sagen oder hoffen ist, und doch ist gerade in Sachen des Glaubens jede Zögerung zu vermeiden. Freilich komme es nur daher, dass sich die Räthe unter sich selbst nicht einigen können: Chievres sei von Anfang

---
1) Walch, Mart. Luthers sämmtl. Schriften XV, 2041.
2) Dieser Brief scheint unbekannt zu sein, vgl. darüber Seckendorf § 91. p. 318. Aleander hat den Staatssecretär, ihn in der Vaticanischen Bibliothek verwahren zu lassen.

darauf bestanden, zur besseren Durchführung und Folgeleistung sei der Rath und die Zustimmung der Fürsten nothwendig, was allerdings wahr ist, wenn nur dieselben mit dem Kaiser dächten und nicht so ungläubig gegen uns wären. Der Kanzler hingegen sage immer: man könne ohne Concil der Sache kein Ende machen und überdies seien die Constellationen, auf die er sich bei jeder Gelegenheit berufe, nicht günstig. Man darf die evidentesten Gründe anführen, so thun sie schliesslich doch nach ihrer Art. Selbst die Richtigkeit seiner Aussage über die aus Luthers Büchern gezogenen Artikel, sowie über die Folgen derselben, welche sich bereits täglich in unzähligen Beispielen zeigen, geben sie zu, ebenso dass alles dagegen aufgeboten werden müsse, allein am Ende sagen sie immer wieder: es sei am besten zu temporisiren und dem Uebel auf ruhigem Wege und mit Zustimmung Aller zu begegnen. Er müsste freilich dies auch als das Beste erklären, wenn sie sich nur nicht von diesen Deutschen berücken liessen, welche blos das Streben haben, dass der Reichstag unverrichteter Dinge auseinandergehe. Ganz bestürzt aber sei er darüber, dass doch der Rath von Deutschland, welcher besser als der Kanzler und alle übrigen im geheimen Rathe die Art des Vorgehens kenne, dem Kaiser erklärte, dass er ohne weitere Consultation der Fürsten in der Execution der Bulle vorgehen könne und dürfe, aber gleichwohl der geheime Rath, wo unsere Italiener und die Burgunder sind, wider unseren Willen und trotz unserer Reclamationen die Sache in die Hände des Reichstages geben wollte. Um Gotteswillen bittet er dann den Staatssecretär, man solle doch keinen Cardinallegaten schicken, wie Briefe aus Rom melden; man würde dadurch Luthers Sache zu grosses Ansehen verleihen; denn die Deutschen sind einmal in einer derartigen Verfassung, dass sie um so schlimmer werden, je höher gestellt die Person sei, welche von Rom, besonders im Namen des Papstes, komme. Ein anderer Nuntius würde aber nicht mehr leisten, als er selbst.

Auch die weiteren Versuche der Nuntien waren vergebens, namentlich die Vorstellung, dass dem Kaiser bei einem Dissens der Fürsten die Hände gebunden würden, während es weit sicherer wäre, wenn der Kaiser kraft eigener Autorität, wie er es ja kann und darf, im Reiche die Sentenz des Papstes in Glaubenssachen gerade so durchführen würde wie in Burgund und Flandern. Umsonst billigte der grösste

3*

Theil, ja fast der ganze Rath von Deutschland diese Gründe, der Kanzler beharrte auf seiner Ansicht: der Kaiser würde sich auf diese Weise keineswegs die Hände binden.

Aber Karl entschied sich schliesslich dahin, sein für seine eigenen Länder erlassenes Decret auch über das Reich auszudehnen und schliesslich auch ohne die Zustimmung der Fürsten durchzuführen. Wiederholt schickte er einen Rath mit diesem Vorschlag in den Fürstenrath. Der Entwurf des mitgesandten Ediktes ist ganz im Sinne des Aleander abgefasst und mit besonderem Nachdrucke wieder auf die schon verdammten Artikel des Hus hingewiesen. Sieben Tage dauerten die Berathungen des Fürstenrathes und es kam zu heftigen Controversen. Nur der Erzbischof von Salzburg und Andere verhinderten einen Skandal, welcher seit Bestand des Churfürstencollegiums nie vorgekommen war, dass nämlich die Churfürsten von Sachsen und Brandenburg nicht handgemein wurden. Die drei geistlichen Churfürsten und der von Brandenburg waren einer Ansicht, aber, setzt Aleander bei, keineswegs ganz so wie wir wollten. Dagegen machten die Churfürsten von Sachsen und der Pfalz Thorheiten und gingen laut schreiend davon, obwohl sie friedlich der Majorität der Voten ihres Collegiums folgen musten. Wie es scheint stimmten auch viele Fürsten der zweiten Klasse der Majorität des Churfürstencollegs bei und auch die beiden Churfürsten der Minorität sagten nach einiger Zeit, sich zu beruhigen, weil es einmal nach dem Majoritätsbeschlusse nothwendig geworden sei. Allein den Praktiken des Churfürsten sei es gelungen, die den Nuntien günstige Conclusion zu verwirren, so dass er schliesslich in seinem Widerspruche gegen den Majoritätsbeschluss beharrte.

Endlich kam ein Beschluss in deutscher Sprache zu Stande, wornach zugestanden war, dass der Kaiser allerdings sein Mandat ohne weitere Beiziehung der Fürsten hätte ausgehen lassen können. Dass er aber sie doch vorher zu Rathe ziehen wollte, sei gut gethan, um die Rechte des Reiches zu wahren. Darauf meinten sie jedoch, dass ein solches Mandat umsonst ausgehe, weil es nur den grössten Skandal unter den Völkern, welche ohnehin nur noch zu den Waffen zu greifen suchen, veranlassen würde. Hatte aber der Kaiser ohne ihr Gutachten sein Vorhaben ausgeführt, wäre ohne Zweifel ein grosser Brand in Deutschland entstanden. Und so, raisonnirt Aleander weiter, vindicirten sie sich ein votum deliberandi in dieser Sache, obwohl der Kanzler den Nuntien das Gegentheil versprochen hatte, was ihm Gott verzeihen wolle. Jedenfalls aber müsse vor der Verkündigung eines Mandates Luther unter sicherem Geleite berufen werden, um Rede zu stehen, ob er solche Bücher geschrieben habe; ferner solle ihm befohlen werden, Alles was den Glauben und die Sacramente betroffe sogleich zu widerrufen. Sollte er dies nicht thun, würde er für einen Häretiker gehalten und nach seiner Rückkunft nach Hause als solcher gefasst werden. Geschehe diese Procedur, so wollten die Fürsten Gut und Blut daran setzen. Dagegen sollte all das, was die Autorität des Papstes und die positiven Rechte betreffe, als controvers betrachtet und Luther darüber gehört werden, der Kaiser aber solle Richter bestellen, welche jeden, der mit Martin darüber disputiren wolle, hören müssten. Aleander fügt seiner Erzählung bei: man beachte die schöne Deliberation der Fürsten Deutschlands! Und gleichwohl war sie durch und durch correct und gerade durch den Standpunkt Aleanders selbst den Fürsten aufgedrungen. Mit seiner Berufung auf das Concil von Constanz hatten nämlich die Fürsten ebenfalls das volle Recht, sich auf dasselbe zu stellen, und namentlich die Concordate der deutschen Nation zu urgiren, wornach die von Rom prätendirten und durch Aleander vertretenen Rechte für die deutsche Nation nicht bestanden. Die Correktheit dieses Standpunktes der Deutschen ergibt sich auch aus der Censur der Pariser Universität vom 15. April 1521, welche Alender so sehnsüchtig erwartete und sogleich drucken liess: sie enthielt von dem Primate des Papstes ebenfalls nichts. Aleander will zwar vernommen haben, dass die Universität es nur deswegen that, um die Censur nicht zu Gunsten des Papstes abgefasst erscheinen zu lassen, oder sich gar dem Verdachte auszusetzen, als ob sie von ihm bestochen seien. Dennoch kann er sich des Gedankens nicht erwehren, dass sie es wegen der Tradition ihrer Schule über das Verhältniss des Papstes zu den Concilien gethan haben mögen. Auf seiner Rückreise wolle er den wahren Grund erfahren, mit den Doctoren dahin verhandeln, dass auch sie den anderen Schulen folgen, und wenn möglich dieselben veranlassen, einen neuen Tractat, der auch den Primat des Papstes enthalte, ausgehen zu lassen.

Nach Aleanders Ansicht war alles nur ein geheimer Anschlag des Churfürsten Friedrich, um die Sache hinauszuschieben. Und trotz dieses so schlimmen Rathschlages sagten sie doch immer, sie wollten Alles in die Hände des Kaisers legen, aber er möge zusehen, dass durch eine andere Art der Publication des Mandates, als sie riethen, nicht irgend ein grosser Tumult im Reiche entstehe. Zuletzt hatten sie aber gar den Kaiser geboten, sie von der Tyrannei Roms zu befreien, wobei sie all ihr Gift gegen uns ausgossen.[1]

Der Nuntius war dadurch natürlich in grosse Verlegenheit gekommen, dass die Rechte Roms als controvers behandelt werden sollten. Allein der Kaiser benahm sich nach Aleander „klug" und zur vollen Zufriedenheit desselben, indem er der Sache die Spitze abbrach. Er mahnte, die Sache Luthers, welche doch den Glauben berühre, nicht mit den Klagen gegen Rom zu vermengen: er wolle ihretwegen an den Papst schreiben und hoffe, dass dieser die Missbräuche beseitige, wenn sie so seien, wie sie sagten. Ueber die Autorität des Papstes, die Decrete und Decretalen dürfe aber nicht disputirt werden. Solle Luther wirklich kommen, dürfe er nur gefragt werden, ob er die vorgelegten Bücher verfasst habe oder nicht. Gestehe er es zu und widerrufe er, so wolle er sich beim Papste verwenden, dass er ihn absolvire und wieder aufnehme; bleibe er aber hartnäckig in seiner Häresie, solle er als Häretiker behandelt werden.

Der Kaiser liess nun die Räthe seiner Nationen zusammentreten und das Weitere berathen. So ängstlich aber Aleander und die Seinigen bis spät in die Nacht auf den Beschluss warteten, so kam doch keiner zu Stande: sie waren uneinig, da einige von ihnen ein geheimes Stipendium vom Churfürsten von Sachsen beziehen. Der Kaiser sah sich also genöthigt, eine neue Commission zusammenzusetzen, welche bekanntlich aus den Bischöfen von Salzburg, Sitten, Triest, Palenza und Tuy, ferner aus dem Beichtvater Glapio und drei anderen Doctoren bestand. Sie hatten eine schwierige Aufgabe, wenn sie allem gerecht werden sollten, was Aleander angiebt: dem Dienste Gottes und des Papstes, der Ehre

---

[1] Es sind die Gravamina der deutschen Nation gemeint.

und Pflicht des Kaisers, und dazu sollten sie die Fürsten zufriedenstellen und das Volk nicht reizen. Die Schwierigkeit ergibt sich namentlich auch daraus, dass Aleander sich gleichzeitig wiederholt veranlasst sieht, nach Rom zu berichten, dass die Verstimmung der Fürsten und Bischöfe wegen der dort geübten Missbräuche hinsichtlich des deutschen Kirchenwesens immer weiter um sich greife.

Gleichwohl war ihm ein neuer Hoffnungsstern aufgegangen. Der Erzbischof von Salzburg zog ihn in die Berathung der Sache Luthers, und erklärte ihm als seine persönliche Anschauung, dass Martin nicht kommen sollte; da aber alle Fürsten und Völker darnach rufen, so sei ein anderer Weg unmöglich; Aleander möge ihm seine Ansicht mittheilen. Dieser antwortete aber: die Nuntien könnten und dürften, soviel an ihnen liege, nicht zugeben, dass man disputire, erforsche oder frage in einer Sache, über welche alte Concilien und der Papst gesprochen. Auch habe er an den Skandal erinnert, welcher aus der Ankunft Martins unter den Völkern entspringen könnte. Er könne jedoch nur sagen, es sei Pflicht des Kaisers, seit er die Bücher Luthers von dem Papste als dem alleinigen und wahren Richter dieser Sachen verdammt sieht und deren Verderblichkeit Alle zugestehen, dass er sie als verdammt bekannt macht, verbietet und vernichtet, Luther aber als Häretiker nach Form Rechtens behandelt. Fürchtet er aber das Volk, so möge er nach seinem Dafürhalten das beste Mittel wählen, wenn nur nicht der Autorität des Papstes derogirt und das Uebel noch verschlimmert wird. Sie befinden sich täglich in solchen Labyrinthen, dass sie wirklich nicht mehr wissen, wohin sich wenden; denn wenn Luther kommt, ist grosse Gefahr. Dabei mussten die Nuntien immer noch den Vorwurf hören, wenn sie darauf bestanden, dass er nicht komme: durch ihre Schuld allein sei der Sache noch kein Ende gemacht worden, denn in Rom lege man den Dingen nicht das nothwendige Gewicht bei, sondern sehe man nur auf den Erfolg. Umsonst machten sie Chievres und dem Kanzler neue Vorstellungen, eine solche Sache den Deutschen nicht zu unterbreiten; die Fürsten hatten dem Kaiser schon angezeigt, dass sie einem anders als nach ihrem Rathe erlassenen Mandate nicht gehorchen würden. Daneben berichtet Aleander aber ganz gläubig, was ihm Glapio und viele andere Herren gesagt hatten, dass nämlich viele Fürsten und Adelige, welche vorher die Irrthümer Luthers im Glauben nicht gelesen hatten, sondern nur seine Blasphemien gegen Papst und Clerus, und die gläubigsten Lutheraner waren, sich ganz geändert haben und orthodox geworden seien, seitdem sie seine Häresien hörten, wie sie vor Kaiser und Reich aus seinen eigenen Büchern dargethan wurden. Gott wird wissen, was daran ist. Er seinerseits wünschte, dass die Sache nicht vorgeschlagen worden wäre, sondern der Kaiser nach dem Beschlusse vom 29. Dezember (1520) ihnen das Mandat zugestanden hätte.

Der Erzbischof von Salzburg brachte Aleander schon beim Morgendämmer das Abends zuvor von ihm reformirte deutsche Decret, welches der Secretär Spiegel ins Lateinische übersetzen musste, und er vergisst nicht zu bemerken, dass es noch Keiner der Deputirten gesehen hatte. Aleanders Rathlosigkeit stieg jedoch immer höher, je weniger er zum Ziele zu kommen vermochte.

In einem Briefe vom 27. Februar klagt er dem Staatssecretär, dass kein Mensch in der schwankenden und veränderlichen Lage ein Mittel finden könne; wäre der Kaiser nicht so gut, wäre die Sache längst verloren; den Grund von Allem könne und dürfe er jedoch, solange er in Deutschland sei, nicht schreiben; sei er aber einmal aus Deutschland weg, werde er Dinge schreiben, an welche nie ein Mensch hätte denken können. Man möge aber ja in Rom still sein von dem was er schreibe. Man würde sogleich gegen ihn losschlagen und eine neue Controverse veranlassen, um den Erfolg seiner Commission zu verhindern.

Inzwischen entschloss sich der Kaiser, Luther nach Worms zu berufen, ohne Zweifel von Chievres dazu bestimmt, da dieser Aleander gegenüber ausdrücklick die Ansicht vertrat, dass es gar keine grosse Schwierigkeit haben werde, die Sache Luthers zu unterdrücken, wenn das Vorhaben des Kaisers ausgeführt werde; überhaupt aber scheint Chievres sich die Sache zu leicht vorgestellt zu haben, da er nach Aleander stets versicherte, es sei gar nicht schwer, dieselbe zu ersticken. Der Kanzler, schreibt Aleander, blieb auch jetzt noch dabei, dass eine Beilegung ohne Concil unmöglich sei, um so mehr als die Constellationen ungünstig seien, was sich wahrscheinlich auf das damals verbreitete „Urtheil eines Mathematici von den gegenwärtigen und zukünftigen Zeiten, von 1521" bezieht.[1]) Glapio verliert den Kopf und sieht den Brand fast schon in hellen Flammen; die Prälaten sind in Furcht und disputiren zu Gunsten Luthers. Endlich suchte Aleander den Bischof von Sitten auf, in dessen Zimmer Abends vorher die Berathung statt hatte. Hier erfuhr er endlich Näheres, dass sie nämlich Vernichtung der Bücher wollten, zugleich aber auch die Citation Luthers, um ihn zu befragen, ob er solche Bücher geschrieben und sie vertheidigen wolle u. s. w. Tuy versprach ihm schliesslich eine Mittheilung des Decretes, woran aber Aleander selbst zweifelt, wenigstens glaubt er, dass man vorher erst den Beschluss fassen werde. Als eigenthümlich erscheint es freilich, dass Glapio, obwohl er zur Commission vom Kaiser deputirt war, zur Schlussberathung nicht einmal geladen wurde. Ich zweifle nicht, dass es deshalb geschah, weil man glaubte, dass er mit Aleander zu sehr liirt sei. Auf der anderen Seite war der kais. Beichtvater auch im letzten Augenblicke wenig genau unterrichtet, da er sich gegen Aleander äusserte: unter dem Vorwande einer Citation Luthers wolle man weder das eine noch andere thun.

Auch beim Kaiser machten die beiden Nuntien und der Magister S. Palatii, P. Raphael, an demselben Tage Frühmorgens einen Versuch. Sie mussten zwei Stunden warten, da er eben in der Rathssitzung war. Allein er war, wie Aleander vermuthet, wegen schlechter, eben aus Spanien eingetroffenen Nachrichten verstimmt, und die Nuntien konnten nichts weiter von ihm hören, als dass Nachmittags die Sache erledigt werden solle, und zwar werde er eine Ordre erlassen, wie sie ihm nur immer möglich sei. Aleander ist über den Empfang ganz bestürzt und der Kaiser scheint ihm nicht mehr so beherzt wie früher, was aber seinem geheimen Rathe zuzuschreiben sei. Dazu kommen von allen Seiten Nachrichten, wie reissend sich die Lehre Luthers verbreite. Selbst der Herzog Georg, „früher ganz unser, hat hier auf dem Reichstage schlimme Demonstrationen und schlechtes Beispiel gegen uns gegeben.[2])

---

1) Kapp, Nachlese II, 611 ff.
2) Aleander meint die 12 Gravamina des Herz. Georg v. Sachsen bei Seckendorf, Hist. des Lutherthums col. 526 ff. Merkwürdig ist, dass Aleander hier gar nicht, anderswo nur obenhin von dem Begehren der Deutschen nach einem allgemeinen Concil spricht, während er in einem seiner in Rom ausgestellten Gutachten sagt: Ego sane in comitiis Wormatien-

Zwar will es manchen scheinen, als ob es nur eine List sei, dass er in weniger bedeutenderen Dingen sich als unsern Gegner zeigte, um uns in den bedeutenderen zu unterstützen. Allein es sei doch offenbar vom Uebel, wenn man anfänglich Schaden thue, um ihn später wieder gut zu machen."

Was aber Aleander am meisten schmerzte, war die Beobachtung, dass man in Rom den Worten des Erasmus mehr Glauben schenke, als den seinigen, obwohl er Schlimmeres als Luther geschrieben habe, und gerade durch ihn, wie an drei Stellen des Berichtes versichert wird, die Niederlande mit häretischem Gifte inficirt wurden. Durch ein päpstliches Breve aber, welches man ihm ertheile und das wie das früher für ihn ausgefertigte laute, würde der lutherischen Sache der grösste Vorschub geleistet werden. Ueberhaupt ist es merkwürdig, dass man in Rom der Thätigkeit Aleanders zu misstrauen schien, weshalb er sich so häufig in dieser Beziehung zu rechtfertigen veranlasst sieht. Doch gereicht es Aleander zu einigem Troste, dass der Kaiser, soweit er unabhängig handeln könne, so eifrig in der Unterdrückung der Lehre Luthers sei. Die Universität Wien habe seine Antwort erhalten, die häretischen Bücher zu verbrennen, und auch nach Flandern schickte er sogleich einen seiner Secretäre, um die Schriften Luthers zu vernichten und ihre Begünstiger zu greifen. Ueberdies ist der Secretär ein intimer Freund Aleanders, dem er alle nothwendigen und nützlichen Instructionen und Anweisungen gab, so dass er nicht zweifelt, er werde ein recht heiliges Werk vollbringen, wenn auch die Executoren ihre Schuldigkeit thun werden.

Da der Kaiser auf seinem Vorsatze beharrte, Luther nach Worms zu berufen, suchte sich Aleander auch damit zu versöhnen. Seine Be-

---

sibus Nuncium gerens, quum quotidiana istius Concilii petitione quasi obruerer, insusurravi primum in aurem quibusdam Summatibus nescio quid tale: deinde aliquanto post tempore, quum venisset ex Urbe cursor, finxi accepisse me a Pontifice brevia, per quae significabat se omnino Concilium generale quam primum indicturum, unde tantus reponto vel terror, vel suspicio alicujus initi a Pontifice cum ceteris Regibus consilii animos Germanorum invasit, ut postea neque Caesariani, neque Principes vel minimum verbum de Concilio facere auderent: imo ita attoniti videbantur, ut si Pontifex serio coepisset Concilium indicere, primi fuerint Germani illud deprecaturi.

strebungen waren nunmehr darauf gerichtet, ein Mandat vom Kaiser zu erwirken, zufolge dessen die Bücher Luthers sequestrirt werden sollten. Es gelang ihm und er hatte nur zu sorgen, dass es nicht zur Unehre des apost. Stuhles und des Papstes ausgefertigt werde, wozu ihm der Secretär der deutschen Sprache, Nicolaus Sichler, seine hülfreiche Hand bot. Er hofft sogar bereits, dieser ruchlosen Häresie jezt bald ein Ende zu setzen, wenn man die Nuntien nicht überhaupt nur berücken, sondern nach dem Beschlusse des Reichstages und dem Mandate verfahren wolle. Namentlich sei es von entschiedenem Vortheile, dass nicht ein bloses Mandat des Kaisers die Execution befahl, und es könne der Erfolg nicht zweifelhaft sein, wenn sie nur nicht wie bisher immer wieder das Gegentheil beschliessen. Den Namen des Heroldes, sowie die Zeit seines Abganges konnten sie aber nicht erfahren: man fürchtete, dass sie entweder ihn selbst bestechen möchten, damit er Luther durch Worte abschrecke, nach Worms zu kommen, oder dass sie auf dem Wege Nachstellungen bereiten möchten. Umsonst versprach ihnen der Kaiser, dass Luther in jeden Ort so geheim als möglich trete: das Gegentheil geschah bekanntlich zu ihrem grossen Verdrusse. Im Ganzen kommt es ihm aber vor, als wolle man die Angelegenheit Luthers nur als politisches Mittel gegen den Papst benützen, worin ihn die schon berührte, auch bei Münter mitgetheilte Unterredung mit Chievres bestärkte. Schon seit der Unterredung des Kaisers mit Churf. Friedrich zu Cöln will er jetzt diese Absicht bemerkt haben; auch das Stillschweigen Huttens, welches seit Kurzem eingetreten war, schrieb er einer Abmachung mit dem Kaiser zu.

Doch gelang es den Nuntien wirklich vor Ankunft Luthers von dem Kaiser ein Mandat zu erlangen, kraft dessen Luthers Bücher den Obrigkeiten überantwortet werden sollten. Die Nuntien wollten freilich, dass sie bedingungslos dem Feuer überliefert und gegen Luther procedirt werden sollte. Oftmals sei ihnen diese Form versprochen und auch in einem lateinischen Entwurfe vorbereitet worden; selbst bestätigt war er schon durch die Deputirten. Als er aber dem Reichstage unterbreitet wurde, wollte man dem Churfürsten Friedrich zu Gefallen einiges ändern, obwohl zu seinem grossen Verdrusse nicht Alles nach seinem Willen geschah. Das lasse sich jedoch nicht läugnen, dass es immerhin manche ganz gute Stellen enthalte, wie dass man den bisherigen Riten und Gesetzen anhängen wolle. Je näher jedoch der Tag kam, an welchem Luther in Worms zu erscheinen hatte, je mehr strebten die Nuntien den Kaiser ganz für sich zu gewinnen. Zwei Tage vor Ankunft Luthers schreibt Aleander selbst: Tag und Nacht sind wir beim Kaiser, bei seinem Beichtvater und geheimen Rath; wir bieten Alles auf, dass die Autorität unseres Herrn stets unversehrt bleibe und diese Ankunft der Kirche Gottes zum Vortheile gereiche. Die Kaiserlichen seien erschreckt, sie wünschten jetzt, dass man Luther nie hätte nach Worms kommen lassen sollen. Allein der Kaiser bleibe einmal bei seinem Entschlusse und wolle das Reichsdecret gehalten wissen; und beim Herausgehen aus der Vesper habe er ihnen, den Nuntien, gesagt, er hoffe noch weit besseres zu thun. Wenn nämlich Luther seine bereits verdammten und anderen Bücher, welche etwas gegen die kath. Kirche, die bisher beobachteten Gesetze und Riten enthalten, nicht widerrufe, sollten die Bücher verbrannt, er selbst aber zwar auf Grund seines Geleitsbriefes in seine Heimat zurückkehren, darnach aber für einen Häretiker gehalten werden, gegen den sich alle Fürsten und Völker erheben. Aleander ist damit vollkommen zufrieden: wenn es so geschehe, werden die Dinge gut gehen, meint er. Ja, er wird ganz vertrauensselig, da der Kaiser auch seine Vorstellung gut aufnahm, dass die Doctoren in der Begleitung Luthers, als dessen Begünstiger und Mitschuldige excommunicirt und interdicirt und ohne Geleitsbrief, nicht mit einziehen sollten. Wenn auch Karl den Rath der Churfürsten erst darüber einholen wollte: er versprach doch, dass er einen Gott und dem Papste gefälligen Bescheid geben werde. Nur fürchtet der Nuntius immer noch einige seiner Vertrauten, welche sich von ihnen, den Nuntien, Alles sagen lassen, auch zugeben, dass sie Recht haben, nach ihrem Rathe sogar Beschlüsse fassen, aber doch immer das Gegentheil thun, und die guten Entschlüsse des Kaisers vereiteln. Auch wenn er die deutschen Prälaten und Fürsten betrachtet, sinkt ihm wieder der Muth, denn Keiner sei unter ihnen, welcher nicht entweder ganz gegen sie sei oder doch wagte, einzugestehen, dass er für sie sei; eine so grosse Furcht habe Hutten Allen eingeflösst, mit dessen Drohungen er sich überhaupt oft und eingehend beschäftigt.

Nur mit guten Worten könnten sie etwas erzielen, sowie damit, dass sie Meere und Berge, Cardinalshüte und andere Dinge versprechen; vom Glauben oder der Religion, vom Seelenheile, von Segnungen oder Excommunicationen darf man gar nicht mehr reden, so ist die ganze Welt hier lau im Glauben geworden und lacht sie darüber. Dennoch mögen der Papst und der Staatssecretär den Muth nicht sinken lassen, sie brauchen sich ja nur an das Wort Christi erinnern: Petrus, ich habe für dich gebetet u. s. w. Er und Caraccioli böten zwar alle Kräfte auf, um zu einem glücklichen Ziele zu gelangen, gleichwohl würde es nichts schaden, wenn Rom die Mittel für alle Uebel ins Auge fasste; insbesondere solle man aber den schöngefärbten Berichten, welche der kais. Gesandte erhalte, um sie dem Papste vorzutragen, kein besonderes Gehör schenken.

Endlich geriethen die Räthe des Kaisers selbst in Verlegenheit, da sie nun nicht mehr zweifeln konnten, dass Luther wirklich komme, woran aber die Nuntien nie gezweifelt hätten, nachdem der Kaiser so human an ihn geschrieben hatte. Karl schickte selbst seinen Beichtvater an die Nuntien, um ihren Rath für die weitere Procedur einzuholen. Vor Allem meinten sie, müsse er Luther nur insgeheim in Worms einziehen lassen, ferner ihm im Palaste eine Wohnung angewiesen werden, so dass kein Verdächtiger zu ihm kommen könne; das Hauptgewicht legten sie aber darauf, dass er einfach gefragt werde; denn nichts schien ihnen gefährlicher, als Luther disputiren zu lassen. Der Kaiser, dem sie persönlich ihre Meinung unterbreiteten, versprach Alles, hielt jedoch nur das Letztere, nachdem sie ihm nochmals gegen die neuerdings aufgetauchte Forderung Vorstellungen gemacht hatten, dass Luther zwar die Artikel gegen den Glauben widerrufen solle, nicht aber diejenigen, welche die Macht des Papstes berührten.

Auch ein anderes Argument machte Aleander um diese Zeit gegen Luther geltend: dieser sei vollendeter Häretiker und noch nach Ablauf des Termins halsstarrig. Von Rom aus war dieses aber noch nicht formell erklärt, weshalb er eine in diesem Sinne abgefasste Bulle verlangte. Als sie aber eingetroffen war, schien sie ihm unpassend, weil darin auch Hutten und Andere genannt waren, vor deren Anhang sich die Nuntien fürchten müssten.

Aleander hatte eben einen Bericht versiegelt, als die Nachricht von der Ankunft Luthers zu ihm kam. Er schickte sogleich einen seiner Leute hin, um die Vorkommnisse zu berichten. Ungefähr hundert Pferde begleiteten ihn bis an das Thor; seine Wohnung nahm er neben seinem Churfürsten und als er abstieg, nahm ihn ein Priester auf, der hierauf dreimal seine Kleider berührte, sich rühmend, als habe er die Reliquie eines der grössten Heiligen betastet. Beim Absteigen habe Luther die Augen hin und hergewendet und gesagt: Gott wird für mich sein. Viele Herrn machten ihm Besuch und nachdem er mit zehn oder zwölf gespeist, war alle Welt auf den Füssen, um ihn zu sehen. Aleanders Hoffnungen werden dabei bedeutend herabgestimmt.

Nähere Angaben über die Verhandlungen mit Luther auf dem Reichstage fehlen in den mir zugänglichen Briefen Aleanders. Aller Wahrscheinlichkeit nach würden sie auch wenig neue Angaben liefern. Doch will ich, um meine Absicht vollkommen zu erreichen, auf einen Punkt, auf die eigentlich entscheidende Antwort Luthers etwas näher eingehen. Der Official von Trier, Johann Eck, hatte ihn im zweiten Verhöre erinnert: er möge doch wenigstens die im Concil von Constanz verdammten Artikel widerrufen. Luther entgegnete bekanntlich, dass er weder an die Infallibilität des Papstes, noch der Concilien glaube. Damit war eigentlich seine Sache entschieden, indem er gegen zwei Meinungen verstiess, gegen die der Deutschen und Franzosen, dass die allgemeinen Concilien in ihren Glaubensentscheidungen unfehlbar seien, und gegen die der Römer, dass es nur der Papst sei. Betrachten wir aber die Sache an der Hand der Geschichte, so müssen wir doch zugestehen, dass Luther eigentlich nur auf dem römischen Standpunkt sich bewegte, wie er vor noch nicht hundert Jahren seitens der römischen Theologen selbst gegen die Väter des Basler Concils vertheidigt worden war. Man hatte doch damals römischerseits nichts eifriger zu thun, als die Fehlbarkeit der Concilien nachzuweisen, wie z. B. Turrecremata in seinem Tractatus notabilis de potestate papae et concilii generalis von 1434 thut. Auch in Handschriften finden sich noch derartige Versuche, und ebenso lehrt der hl. Antonin in seiner Summa die Fehlbarkeit der Concilien. Dabei dachten dieselben anfänglich aber auch noch nicht an eine Unfehlbarkeit des Papstes, wie sie im Laufe des XV. Jahrhunderts ausgebildelt wurde; im Gegentheil gestanden sie zu, dass auch die Päpste in ihren Lehrsentenzen irren könnten,[1]) weshalb sich jüngst die Jesuiten u. A. die Mühe gaben, eine Interpolation der Summa Antonins nachzuweisen. Und betrachtet man die Sätze Luthers über diese Fragen, wie er sie vor dem Reichstage zu Worms aufstellte, oder nach demselben in seiner Disputatio de potestate concilii v. J. 1536, so kann Niemand einen wesentlichen Unterschied zwischen seiner Lehre und der jener früheren römischen Theologen finden. Die Schulmeinungen hatten aber diese Ansicht überholt und durch Leugnung der Autorität des Concils von Constanz hatte er nunmehr auch die katholisch gesinnten Deutschen gegen sich und offenbar auch die ihm wohlgesinnten in eine peinliche Verlegenheit gebracht. Eine nicht einmal in der Theologie ausgetragene Frage hätte freilich nicht entscheidend in einer

---

1) Summae §. VI. cap. II. tit. XXIII: In his quae non dependent ex plena potestate papae non est simpliciter dicendum, quod papa sit supra statuta concilii. Ideo in concernentibus fidem concilium est supra papam. Unde papa non potest disponere contra disposita per concilium in hujusmodi. Hinc est quod concilium potest condemnare papam de haeresi. Potest enim esse haereticus papa et de haeresi judicari. Et dicunt doctores, quod concilium est judex: puta tamen, quod si papa moveretur melioribus rationibus et auctoritatibus quam concilium, standum tunc esset sententiae papae. Nam et concilium errare potest, sicut alias erravit in facto matrimonii inter raptorem et raptam declarans posse esse matrimonium. Et dictum Hieronymi melius sentientis fuit postea praelatum statuto concilii. Nam in concernentibus fidem dictum etiam unius privati esset praeferendum sententiae papae, si melioribus rationibus et auctoritatibus novi et veteris Testamenti moveretur quam papa. Nec obstat, si dicatur, quod concilium non potest errare, quia Christus oravit pro Ecclesia sua, ne deficeret. Nam licet concilium generale totam ecclesiam universalem concernat: tamen ibi vere non est universalis ecclesia, sed repraesentative; quia universalis ecclesia constituitur ex colectione omnium fidelium. Unde omnes fideles terrae constituunt totam universalem ecclesiam, saltem cujus caput et sponsus est ipse Christus. Papa autem est vicarius ipsius Christi, et non est verum caput ecclesiae... Et ista ecclesia est quae non potest errare. Unde possibile est, quod tota fides remaneret in uno solo; ita quod verum est dicere, quia fides non deficit in ecclesia, sicut jus universitatis potest residere in uno solo, ceteris peccantibus. — Die Civiltà cattol. 1869. V, 52 ff. glaubt hiegegen durch innere Gründe anzukommen, d. h. die Doctrin ist interpolirt, weil sie nicht die der Jesuiten ist. Ferner wird ein äusserer Grund angeführt, dass in einer Handschrift der Passus sich nicht finden soll. Allein das Richtige ist, wie die gleiche Doctrin Turrecremata's im genannten Tractat zeigt, dass damals die Dominikaner weder eine Unfehlbarkeit der Concilien, noch der Päpste lehrten; aber bald eine andere Anschauung sich in Rom geltend machte, woher wahrscheinlich rührt, dass in der von den Jesuiten erwähnten Handschrift der citirte Passus fehlt. Die Entwicklung lässt sich ja auch in den Schriften des Turrecremata verfolgen.

so wichtigen Sache werden sollen; allein sie schien ein passendes Mittel zu sein, den unliebsamen Mann zu beseitigen. Der Kaiser namentlich war empört über diese Haltung Luthers und Aleander versäumte nicht diese Stimmung desselben auszubeuten. Es mochte ihm um so leichter gelingen, als Karl keine hohe Meinung von Luther zu gewinnen vermochte. Als er desselben ansichtig wurde, soll er nach Aleander gesagt haben: dieser würde mich nie zu einem Häretiker machen; ja, als die Bücher Luthers vor ihm und dem Reiche genannt waren, sagte er offen und wiederholte später sehr häufig: er werde nie glauben, dass Luther die genannten Bücher geschrieben habe. Aus dem Abschiede, welchen Karl am 19. April Morgens verlesen liess, erkennt man, wie wohl Aleander von Anfang an mit den Concilien, vorzüglich dem von Constanz operirt hatte. „Darum bleiben wir, sagt der Kaiser darin, auf dem festen Vorsatz, alles zu schützen und zu beschirmen, was sowohl unsere Vorfahren als ich, bisher gehalten: sonderlich aber das, was meine Vorfahren sowol auf der Costnitzer- als in anderen geistlichen Zusammenkünften (synodis) geschlossen haben." [1]) Die Verlegenheit, in welche auch die Stände durch Luthers Ablehnung der Concilien gekommen waren, ergibt sich aber daraus, dass sie noch an demselben Tage zusammentraten und vor Allem den Kaiser baten, er möge Unterhändler zu Luther verordnen, welche ihn von seinen Lehren wider den Glauben und die Concilien abbringen möchten. [2]) Wohl darauf bezieht sich auch die Bemerkung Aleanders, dass der Official von Trier sich vortrefflich benommen und besonders durch seine Frage unendlich genützt habe. Habe er sie auch auf Befehl des Kaisers gestellt, so hätte er bei bösem Willen ihnen und ihrer Sache doch sehr hinderlich und verderblich werden können.

Der weitere Verlauf ist bekannt: Luther blieb auf seinen Aussagen stehen und der Kaiser konnte in seiner Anschauung nicht erschüttert werden. Aleander ist über den Ausgang hocherfreut. Hatte er früher die Ankunft Luthers als eine grosse Gefahr betrachtet und gefürchtet, so schreibt er jetzt: seine Ankunft war sehr heilsam; nicht blos der

---

1) Walch XV, 2236.
2) Walx S. 86 f.

Kaiser, sondern auch die ganze Welt erkannte ihn als einen närrischen, liederlichen und dämonischen Menschen. Seine Trunkenheit und viele andere Akte, kurz seine ganze Haltung liess ihn die hohe Meinung verlieren, welche die Welt von ihm hatte. Aleander musste nunmehr Alles aufbieten, diese der katholischen Sache günstige Stimmung des Kaisers nicht blos zu erhalten, sondern auch zu benützen. Die Annäherung des Papstes an Karl [1]) und der endliche Abschluss eines Bündnisses zwischen Beiden erleichterte ihm sein Werk. Als es sich um die Ausfertigung eines Mandates gegen Luther handelte, und man geltend machte, der Kaiser habe keines auszufertigen, weil Luther vom Papste noch nicht für einen vollendeten Häretiker und halsstarrig nach Ablauf des gesetzlichen Termins erklärt sei: da drängt er auf schleunigste Ausfertigung einer dahingehenden Bulle, oder richtiger auf Reformirung der schon in seinen Händen befindlichen, worin jedoch auch Hutten und Andere genannt waren. Die Namen dieser sollten wegbleiben.

Ein anderer Punkt, welchen Aleander nicht aus dem Auge liess, war, Luthers habhaft zu werden. Nach dem Willen des Kaisers sollte ja nur der Geleitsbrief nicht gebrochen werden; würde aber der Wortlaut desselben erfüllt, Luther in seine Heimat geleitet sein, dann sollte er als Häretiker geächtet sein und Alles sich gegen ihn erheben. Als sich darum das Gerücht verbreitete, dass Luther sich nach Böhmen zurückziehen wolle, gibt er sofort Anweisungen, dass von Ungarn her Vorsorge getroffen werden solle, dass er noch vor dem Eintritt in Böhmen gefangen genommen werde; denn sei er einmal bei den Böhmen, würde es sehr schwer, ja fast unmöglich sein, seiner habhaft zu werden. Viererlei Folgen würde dies zunächst haben. Vor Allem würde er die Akten seiner Ankunft in Worms und seines Verhöres schreiben und das Volk aufreizen, weil er nicht zur Disputation zugelassen und gehört worden sei, wie dies der Secretär des Kaisers schon in seinem Ab-

---

1) P. Leo X erklärte gerade damals dem Kg. Franz von Frankreich und der Republik Venedig: „Der Kaiser... halte sich gegen Luther dermassen zu seiner Zufriedenheit, dass er ihn nicht beleidigen dürfe" L a n z, Monum. Habsburg. Einleitg. S. 262 Di Roma 27. April, 15. Mai. Di Franza 2, 6., 29. Mai.

schiede bemerken sollte. Dieses Volk erhebe und rechtfertige aber gerade die Sache Luthers mittels dieses aus so vielen Gründen falschen Weges. Eine andere Folge würde sein, dass dieser Empörer, wie er schon am Schlusse eines seiner deutschen Bücher drohte, die Beichte ganz aufheben und nach Art der Hebräer nur eine Beicht vor Gott predigen würde. Drittens würde er läugnen, dass im Sacramente der Messe der wahre Leib Christi sei, sondern nur ein Zeichen desselben; und schon hätte man in Flandern auf die Schriften Luthers hin diesen Irrthum öffentlich bekannt, nachdem man ihn viele Decennien hindurch nur heimlich gehegt hatte. Endlich viertens fürchtet er, dass Luther die Lehre des Arius erneuern werde, wie schon Bucer dem kaiserlichen Beichtvater gegenüber geäussert habe, dass Arius auf dem Concil von Nicäa ungerecht verurtheilt worden sei; auch sonst in Büchern finde sich dessen Lehre bereits vorgetragen. Alles dieses, schliesst der Nuntius sein Raisonnement, mache es nothwendig, die grössten Vorkehrungen zu treffen, dass Luther nicht nach Böhmen entkomme. Freilich gehe auch das Gerücht, dass er sich nach Dänemark zurückziehen wolle, wohin ihn der König schon früher hatte einladen lassen. Dieser brauche ihn nach dem Morde der Bischöfe zur Beruhigung für sein Gewissen, wenn er überhaupt eines hat. Sollte derselbe aber in Rom um Absolution nachsuchen, wäre es am Platze, ihn scharf zu tadeln, jedoch nicht zu hartnäckig gegen ihn sich zu erweisen, damit er nicht sich ganz und gar Luther anheimgebe. Sie, die Nuntien, würden aber namentlich den Kaiser anliegen, dass er sich beim König, seinem Verwandten, verwende, keinen solchen Weg zu betreten. Beim König von Ungarn hoffen sie ihr Ziel durch dessen Gesandtschaft zu erreichen, welche in Worms war und sich der katholischen Sache so ergeben zeigte.

Einen grossen Vorschub für die katholische Sache erblickte Aleander in dem Auftrage des Kaisers, das Mandat gegen Luther anfertigen zu dürfen. Es ist interessant, sein Schreiben zu lesen, mit dem er ein Exemplar des Edictes nach Rom beförderte, und worin er die Geschichte seines Zustandekommens erzählt; es wurde ganz nach dem Gesichtspunkte seiner Rede am Aschermittwoch abgefasst, und er glaubt damit auch die Autorität des Papstes im römischen Sinne in Deutschland zur

Geltung gebracht zu haben. Das Mandat, welches er vor Karls Krönung und später zu Worms gefordert hatte, war allerdings erlangt.¹) Gleichwohl hatte er die ganze Angelegenheit nicht tiefer erfasst; es geht dies aus seinen Worten hervor, dass er zwar wegen ihrer, der Römer, Sünden noch an eine kleine Dauer der Häresie glaube, aber bald werde sie mit der Hülfe Gottes und durch die treue Execution des Urtheils des apostolischen Stuhles seitens des Kaisers vernichtet sein. Auch später schrieb er noch nach Rom: die Sache Luthers gehe von Tag zu Tag mehr ihrem Untergang entgegen. Er hatte sich und seinen Hof getäuscht, wenn er auch nicht lange nachher zu einer besseren Einsicht gelangte und keinen Anstand nahm, in zwei geheimen in Rom abgefassten Gutachten die Curie mit ihren verdorbenen Sitten und Irrthümern als die Ursache alles Unheiles zu bezeichnen; allein so wahr dieses sei, dürfe man es doch nicht vor den Deutschen eingestehen. ²)

---

1) Mir scheint es nach Aleanders Mittheilungen über das Zustandekommen des Mandates unrichtig zu sein, dass er dasselbe zurückdatirt habe. Es trägt vielmehr den Tag der Ausfertigung als Datum, während die Veröffentlichung immer weiter hinausgeschoben wurde
2) Aleandri Hieronymi archiep. Brundusini Consilium super re Lutherana. Primum omnium oretur Deus assiduis precibus pura mente et toto corde, ut Ecclesiam suam sanctam pretioso filii sui sanguine redemptam a dira hac animarum peste liberet. Imploretur divae Virginis patrocinium quae cunctas haereses sola interemit in universo mundo, et mali mores aliquique abusus Ro. Curiae corrigantur. Oratio autem non (ut nonnulli olusinate consulere perstant) per publicas supplicationes fiat. Nihil nempe magis et Lutheranos insolentes reddit, et Germanos reliquos exacerbat, quam cum videmur quodammodo fateri nos autores eorum criminum, quae nobis objiciuntur. Sed privatim fiant preces... Haec est optima omnium et fere unica medendi via. — In dem zweiten Gutachten, für den Papst selbst bestimmt, schreibt er: Quod in priori feci libro, quem de remediis contra Lutheranam haeresim ab amplissimo Legato in Germania adhibendis scripsi, in hoc itidem, in quo agitur, quid hic inter.... hac culem de re Pontifici faciendum restet, etiam atque etiam monere non desinam, omnem salutis spem contra hoc malum quod in dies augescit, a Deo pendere. Hinc sumendum hujus consilii principium: huc universae rei exitum referendum. Igitur imploranda ad hoc praecipue divina misericordia est, quam facile nobis conciliabimus piis precibus, sed praesertim pristinae vitae in melius reformatione. Neque speremus, ita praeteritorum Deum conniventibus oculis errata nostra, ut proximis retro temporibus. Alia puno aetas, alia nunc temporum conditio; immutatus est animus populorum. qui prius delicta nostra partim putabant falsa, partim in meliorem partem interpretabantur. Jam flagellum paratum, jam securis ad radicem arborie posita videtur, nisi velimus resipiscere. Neque admodum necesse erit novas nunc leges condere, aut Bullas undequaque fulminare: sacros habemus canones, optima instituta Patrum, ad quae si acta nostra dirigamus, omnia haec mala facile propulsabuntur. Tollat SS. — D. N. e Curia sua eos errores, quibus merito Deus et homines offenduntur; et quantum ejus vires et auloritas patiuntur, clerum sibi toto terrarum orbe subditum, monendo, increpando, etiam sacerdotii privando castiget. Id si semel Germani quum in nostris, tum in suis sacerdotibus factum videant, nulla posthac de Luthero fiet mentio. Itaque in Nobis ipsis omnium malorum origo pariter et medela sita est.

Anhang.

Die Briefe Aleanders aus Worms nach Codex Mazzetti 90 der Stadt-Bibliothek zu Trient.

1.

Rme et Illme Due D. mi Colme Hnmill. Commen.

A XI di questo recepi le di tre di V. S. Rma; risponderò alle parti di quelle, poichè harò significato el successo della mia dificilissima impresa poi el di 28 del passato che Jo le scrissi. Haveva scritto in quelle, che per la brevità del tempo che Cesar fu a Maguntia, et occupationi del Rmo Maguntino et, ut ingenue fatear, per la perversità de Ministri a chi lui haveva dato la comissione della cosa Lutherana, et per malignità di quella Città que ab antiquo nequam fuit, et me fece a me qualche brutto scherzo, fu fatto assai fida executione al presente gli significo, cho il Cardinal quella istessa sera poi mandate mie lettere me mostrò, et con parole et con segni esserne sopramodo malcontento, che non fosse stato fatto come nelle altre Città, però disse voler corregger tale errore processo da suoi ministri, et ordinò che la mattina seguente a di XXVIIII fusse per tutta la terra pubblicata a sono di tromba la condemnatione di tali libri, et invitato il popolo ad publicum incendium di essi, quod et factus fuit, ancorchè detto Cardinale disse essere stato molestato da assai gentilhomini che mai il lassorono dormir, dissuadendoli el far brusciar tali libri, et disse esserli durata tal molestia de tali importuni quasi tutta la notte, pur tandem ut dixi tutto fu ben fatto.

Et ancorchè li ribaldi oculti Lutherani fingendo agere rem nostram ci consiljino che non doveressimo far tale incendio, ne magis exacerbentur hostes contra nos, si magis tamen exacerbari possent, tuttavolta omnibus hinc inde discussis, si ha trovato che questo bruciar di libri é una cosa molto salutar et utile, primo perchè molto meglio così si divolga et per Germania et tutte altre nationi la condemnatione di tali libri, che per una intimatione della bolla fatta alli ordinarij, ovvero vicarij, quamvis ancora questa sempre et ubique facerem et faciam. Deinde perchè li laici già infetti per le predicationi et libri volgari di qto piu che milliarij, vedendo tal incendio fatto auctoritate apostolica et executione Cesaris, si moveno assai a creder tali libri. Uno argumento mi move assai a credere tale cosa essere proficua perchè tutti quelli che ci dissuadeno tale cosa ad unum trovamo essere Lutherani, et li manifesti Luthe(r)i hanno sempre omni actu et conatu cercato impedir tal abrusciamento, et in se(gna) se non si puol indur questo ribaldo ad retractationem non è miglior, imo ne al' ria proficua che questa.

A di XXX del passato partendomi da Maguntia per Vormes lasciai al provincial de Predicatori per Germania un mandato de far predicar per tutta sua provincia contra Luther, et la condemnatione delli Libri. Item altri mandati a tutti li Conventi et rectori di Parochie di Maguntia che predicassero la Domenica seguente, et tal carga lassai al Rmo Cardinale, el qual ut postea intellexi, fece mandar ad exequtione diligentemente.

DI poi giunto a Vormes sei o sette giorni ritornò Misser Antonio Casulano el qual Jo haveva mandato a Trever con lettere del Rmo Elettore, et portò autentico documento della bona exequtione fatta in quella università come a Colonia con bona obia (obbedientia?) di tutti, et perchè il detto Treverense ha li suoi suffraganei nel paese di Lorena, io gli donai equivalente copie della bolla, la quale lui promesse mandar omnino, et curare reliqua, ben mi consiliò che guardasse come io andasse per camino, perchè auribus suis haveva udito da Huteno che cercava farmi gran dispiacer, dalche sforzeromme guardar con lo ajuto di Dio.

Hora a Vormes non so perchè causa par che sij stato alquanto obnubilato il nostro sereno, et retardato un poco il nostro felice corso di nostra navigatione in q° m.

Haveva impetrato, ut scripseram, a Lovanio da Cesare un mandato per tutti suoi dominij, terre et Regni contra li libri di fra Martino Luther, et di tutti altri che havessero scritto mal di Nostro Signore o della Santa Sede Apostolica, qual mandato ho sempre presso di me. Al presente instavamo per haver un mandato sub penis banni imperialis, Sic loquuntur isti, per totum Imperium et universam Germaniam, perchè ante coronationem in Aquisgrani dicono che non si poteva far in tal forma, la qual sarebbe molto proficua, imo necessaria, et contra personam ipsius Lutheri et contra impressores juxta formam Decreti lateranen., ma questoro vanno tergiversando, et dicono che non si possi far sine magno scandalo contra hominem germanicus (sic) condemnatum in dicta causa, et che sarebbe bono udirlo, che lui venisse nella Dieta, benchè dicono che non intendano chel venga se non per revocarsi, imo che dicono, già pensando ben far haver scritto al Duca di Saxonia che lo menasse seco qui, altri diceano che bono era fargli comandar che lui retratasse ea que erant damnata a Conciliis generalibus et imperatoribus, et cosi par che non vorebbono far alcuna mentione ne del Pontefice moderno, ne delli antiqui, et lassar quelli punti del potentate Papae indiscussi; o ribaldaria! Hossi loro risposto che non se intende condennar in dicta causa quando li suoi scritti per lui parlano pur troppo, et che molti antiqui heretici sono stati cosi condemnati dalli Summi Pontefici alli quali spetta tale discussione, et a Principi la exeqution seculare quando sono rechiesti dal Pontefice, et allegato loro quello sanctissimo detto di Santo Hieronimo contra Luciferianos, qui sic scribit: Ecclesiae salus in summi sacerdotis dignitate pendet, cui si non exors quedam, et ab omnibus eminens detur potestas tot in Ecclesiis efficientur schismata quot sacerdotes.

Tandem hiersera ad hore cinque di notte et Leodicen me introdusse al Re et abbocomi con Chieures solum cum solo dove io trattai in vero con grande sua intentione et satisfattione tutta questa cosa, me respose che non se farebbe cosa se non per l'honore di Nro. Signore, della Chiesa, et mostrassi che Cesar est princeps vere catholicus, dissemi amora che questa mane mi attrovasse al Conseglio dalla mattina sub ortum solis, nec potuit interesse Dominus Nuncius perchè era alquanto indisposto come mi fu riferito.

Presidebat tunc Gurcensis, interfuit Leodicen. ut princeps Imperii, Teregestinus ut consiliarius Regis et multi alii laici Principes, et perchè per mala disgratia me ha bisognato in tal modo revolger tutti li scritti cosi vecchi come novi di questo basilisco, che quasi sono ea memoriter omnia feci un discorso delli più enormi e rozzi, che me paresseno esser dannosi iu la fede catholica, et dispiaceroli alli audienti, poi li allegai le cose del novo testamento cui ipse maxime se inniti profitetur delli Concilij et antiqui dottori cosi greci come latini che fauno contra lui, perchè de novi Theologi ne decretisti el Cane non volo prorsus sentire, imo deridet omnes, et respuit ut suspectos, et quando vidi li Principi molto ben istrutti et alla causa affetti, demandai la expeditione del mandato, et altri remedij opportuni. Furono interim chiamati ad Cesarem per altra causa, et simul referimo quello havevamo trattato. Concluso fu che se expectasse el Maguntino come archicancelliero de Germania, el qual tiene il sigillo.

Intrai interim al Consiglio secreto del Re: Parlui con el gran Cancellier, el qual ancora stava in questa fantasia che bono sarebbe che Luther venisse alla Dieta, il che Jo risposi quod ego etiam optarem modo revocaret, quod nunquam in eternum faciet quantum video adeo etiam gallie (sic) cupidus et superbia elatus, et che se non su revocasse, et non potendosi punir per el salvocondotto, sarebbe la confusion del mondo, et tutti judicarebbono essere stata confirmata la empia sua dottrina; per questo è che li Lutherani maxime dessiderano la venuta del suo Mahumeth et già passim divulgant che lui venirà et che farà meraviglie. Rino l'intron mio se nou fosse destinato ad tal impresa da Nro Signore et che non si facesse prejuditio se non al nome mio, perdio non disiderarei altro, che raccontrarmi con questo Satan, il che se non potrò obtenir coram subbito expedito de mia impresa spero mostrarlo con scritti, et non allegarò quelli che lui refuta adeo multa vide in questa ultima opera, dove et lui et suoi seguaci hanno fatto ogni suo studio potersi convencer, sed ut dixi non besognò metter in controversia l'autorita del S. et star a judicio di laici de quali sono molto infetti preterea como et coram quibus Judicibus se harebbe a disputar absque autoritate Pontificia, et lui in sua protestatione recusat Judices Theologos Juris utriusque consultos tanquam nauci homines et precipue suspectos.

Sed ut redeam ad seriem rei, el Cancelliere disse che se metterà bon ordine, poi pranzai con Mons. die Chieures apud Episcopum Leodien. ubi aderant multi Principes et presertim nobilibus ille Dux Federicus frater Comitis Pallatini et inter praudendum et

post depositam mensam fu molto trattato di questa cosa, et spero che tutto si porterà ben, del che ne darò avviso a V. S. Rma secundo el successo del tempo et delle cose; le cui sacre mani baso.
Vormatie die.....

2.

Rmo...
In l'altra mia ho scritto de rebus, in questa scriuerò de personis.

2. Cesar ha il miglior animo che huomo nascesse già mille anni; et se lui non fosse tale, certo le cose nostre per privati affetti sarebbero molto intricato.

3. El Confessor per le gentilezze che gli usò N. Signore est factus multo equior alle cose di Roma, che il cognoscea per avanti, però fa bono offitio, et ben si vede che è buono far sempre ben ad altri.

4. Chievres certo è buono et magni momenti, benchè lui dice in queste cose per non esser dotto besogna chel se reporti alli Conseglieri. — Questo solo è contrario che lui dessidera quanto più può pacatamente far che Cesar tenghi tutte le sue corone, et pero presta orrechie a Germani, et temporeggia all' appetito loro in questa cosa di Luther per le promesse grandi che fanno di accompagnar Cesar alla Corona di Roma, et lo agabaranno saltem che per il presente non faranno nulla di quello Chievres dessidera.

5. Tudensis ha composto una oratione contra li Lutherani la qual per questo haverei mandata, ma è scritta scorrettissima. Lui dessidera molto che N. S. et V. Rma. la vedi, mandarolla per il primo. El detto Tudensis multum conquerit de sue bulle, et benche credo, come intendo, che lui habbi torto contra Don Loys Carrozzi, tutta volta per esser Tudensis appresso Cesar et Chieures summae auctoritatis et gratie, ho per consiglio da grandi persone, che N. S. el douerebbe compiacere, non dico di far ingiustitia o torto ad alcuno, ma di vedere che Don Loys con qualche altra promessa di N. S., o ricompensa lassasse tal benefitio. In questo non dico, se non lo che consegliano quelli che dicono esser seruitori et grandi amici di V. S., et sunt hic magni. Più uolte il detto Tudense mi ha detto che ha fatto, et fa in questa cosa di Luther tutto il possibile loquendo et scribendo; ma che ben vede esse irritum laborem, et altri presenti cosi passando, al che rispondo quello me par el douere per satisfarlo, et s'acquieta assai ben, et comprendo, che perseuerà come cominciò. Ma se l'altro dì a Maguntia torse un poco la coda, fu forsi una mostra per venir al fatto suo; utcumque, est multi faciendus, quia hic plurima potest, maxime in questa cosa per esser dotto et grato al Principe, nibil tamen peto preter jus et fas.

6. El Cancellieri è gentil persoua, et si porta bene, ma farà quanto vorrà Chieures, qui plurimum movetur a Tudensi; il Pallentino multum se offert, ma questo si tratta nel conseglio d'Alemagna dove lui non entra. Tutta fiata io non cesso raccomandarli la cosa.

7. El Duca di Alua in favor di N. S. et della chiesa si straccia li panni, con tanto ferrore ne parla, et inuero cosi fanno tutti li Spagnoli, excetto li mercanti sospetti

marani, li quali in Antuers et alibi favoreggiano a Martino, perchè ha detto che ne heretici, ne altri si debbeno abbrusciar, et questo che Jo scriuo, ancor che è da rider, tutta uolta è uero, che li Marani il deffendano quantum possunt verbis tantum.

8. De Allemagna il Maguntino qui plurima potest, mostra con parole esser tutto di N S., della Chiesa, et di V. S. R., come è tenuto, et sua res agitur, ma invero è tanto et buono, et timido, et respettivo di questi altri Principi et gentilhomini di questi paesi juxta patrias ceremonias che invero fin qui l'havrei uoluto più caldo, come spero forsi che posthac el farà nec est dubitandum de animo, et de voluntate, ma de più ardore, el qual se li remette, per haver seco una caterua de conseglieri supra modum Lutherani, dalli quali non se ne può disfare, per esser di antiqui seruitori et di primi, et quod peius est, quia profitentur se esse hostes Lutheri, cum tamen aliud faciant.

9. El fratello di Maguntino lo Elettor tutto sarà nostro, come promette el Cardinale, si lui non è ancora uenuto ad Cesarem vedremo quello che sarà in dieta.

10. El Palatino è grande amico del Saxone tutta uolta ancora è del Maguntino, et spero bene di lui, si per meggio del Duca Federico suo fratello, el qual è stato con Cesare in Hispagnia, et judicio omnium è il più gentile Segnore et prudente et bon, che sia non solum in Alemagna, ma ancora altroue, et a me fa grande carezze.

11. Giouarà ancora el Duca Volfango fratello di sopradetti, el qual è stato due anni continui mio auditore a Paris, et non mancaranno li suoi altri fratelli, quorum duo sunt episcopi, nous Prepositus Aquensis.

12. El Saxone credo certo esser buon Principe, ma esser sedutto de suoi conseglieri tutti scolari di Luther, intendo ancora che lui è sdegnato per causa di una certa comendaria, della qual altre volte fù fatto coadiutor un che fù a Roma, et si tiene esser suo oculto figliolo extra matrimonium, et essendo già a Bologna de retorno per Alemagna, et con la coadiutaria expedita, intendo che interim morito quello vecchio commendatore, et che non obstante la coadiutoria bisognò pagar grande compositione a non so chi Cardinale, mi ha detto un de suoi, chel Duca per questo non puol acquietarsi, benchè è huomo tacito et coperto, che non dice l'animo suo. L'altra causa del suo sdegno contra l'Clero è l'odio che lui ha contra Maguntino procedente per controuersia et guerra di una Terra nominata Erfordia, per la qual è odio intra loro mortale, et quod maxime miror stanno insieme, et ragionano come fossero carissimi fratelli et mo parlano delle ceremonie et simulationi di Roma. Con detto Saxone se tenirà ogni meggio si potrà per uiam Cesaris et aliorum in conventu proximo, et non omnino despero che non facciamo qualche bona opera.

13. El Cologniense Clettore è tutto unito con Maguntino, et inuero lui si ha portato molto ben, et spero che si porterà meglio.

14. El Trevereuse è grande amico di Saxonia, ma per esser huomo sauio ha fatto il debito, et preseuererà de quo nihil dubito.

15. Li Rmi Cardinali tutti inuero mostrano grande zelo ad ciò, et se non faranno quello a che son tenuti meriterebbeno mille etc., ma certo fanno l'offitio.

16. Liegge sempre al solito di quel suo libero et sboccacciato parlare, ma fù

sempre bono ecclesiastico quello che si dican altri, preterea ha ben causa morir per la Chiesa.

17. E veramente se non fosse che parlando de Liege Jo son sospetto, arderem dicere che lui è grandissima causa et meggio di qualche buon successo fatto, et ben mi puol credere V. S. R. perchè fino ad un mese saranno quatuor anni che Jo son seruitor di quella et non di Liege a chi Jo non haueua prima seruito se non due anni et meggio, però non accade suspitione in tal cosa.

18. El detto S.™ rabbia di questo desiderato capello, et molte uolte quando lo cerco adoperare in la impresa mia, me butta in occhio el fatto suo dicendosi che si fa troppo penare et che sarebbe ormai tempo exandir lo Imperatore, ma di questo nolo ponere os in celum, pur non è mal adnisar del tutto.

19. L'Episcopo Tridentino è buono supposito per noi, huomo ortodoxo, et qui potest apud Saxonem, et hà ingegno molto versatile, et pollicetur omnem operam, come fin qui ha fatto

20. El Tergestino nunquam nobis deest: et boni son tutti altri episcopi, ma solo nocono in questo che perseuerando sempre in victu et vestitu solito accresceno l'odio di Germani contro tutto l'ordine Ecclesiastico, più assai di quello che suapte natura sunt clericis oppido semper infensi, ut tradit antiquitas.

21. La facultà di Theologia ubique se porta bene per noi.

22. Sed prae ceteris et spes et ratio vincendi in Cesare tantum est, el qual sel perseuera come ha cominciato, tutto si portarà ad vota, et darusi pace alla Chiesa.

23. Contra di noi sono una legione de Nobili di Alemagna poueri duce Hutteno coniuncti, qui sitiunt sanguinem Cleri, et non cercano altro se non irruere in nos.

24. Li Legisti et canonisti di questi paesi tutti ci sono contrarii, et manifestissimi Lutherani, cosi li maritati, come preti, et ancorchè Martino Luthero la loro professione ubique damnet et gridi che si deuerebbe abbrucciar a prima lettera usque ad postrema, tutta uolta sciocchi ribaldi lo predicano, et defendano, et questo uiene, perchè loro non sanno la scientia, della quale fanno professione, ma nelli studij universali, pur che sijno addotorati, senza hauer studiato regnano poi de essere oratori. Peggio di questo fanno morosissimum Grammatistarum et Poeticorum genus, quorum Germania plenissima est. Hi tunc demum putant se haberi doctos, et presertim grece, quando profitentur se dissentire a communi Ecclesiae uia.

25. Li Reuchliniani, Lutherani, aut Erasmiste hanno composto dialogi contra di me, et sono impressi, hanno affisso versi appresso il Palazzo di Cesar a Colonia, doue dicono che Jo son transfuga delle bone lettere, assentator di Cortesani, deffensor di Predicuni, boja, abbrucciator de boni et santi libri, cioe di Luther et Hutten, et mille poltronerie de quali me rido ad honor di Dio, ad tal che son fatto exule di tutta Germania, et più me son contrarii quelli che sono stati miei auditori, li quali mi fugono come excommunicato, et Jo similmente me rido, altri me veneno a disputar in defension di Luther, quali a confonder è facil cosa, ne pur si retrattono; per Dio, Rme. Dne., cho le cose segnate per me me le negano per il mio denaro, volendoli pagar più che li altri, et defent

nomen meum e ualuis, et mille altre insolentie barbarice, che è cosa da marauiglia et da non credere, et pur scriuolo acciò V. S. R. sij a pieno instrutta.

26. Quello mi fà peggio che communi omnium rumore circumfertur che Hutten con li suoi coniurati me cercano ammazzar, et sono aduisato non solum Jo da miei amici, ma ancor proxime alcuni Princlpi et certi secretarij di Cesar hanno aduertito Liege che mi admonisca che Jo me gnardi, che a gran pena la scamparò di questa Germania. Jo più me dubito in queste terre, che in Campagna, pero sforsomi hauer loco appresso la corte con grande spesa et senestrezza, che certo ho una cameretta senza camino in casa di un pouero, et patisco id quod nunquam consueui, che Jo sij ad frigora Reni senza fuoco, qui consueni a Sept, ad Maj, hauer sempre fuoco et altre comodità, et a gran pena conseruarmi sano: In questa casa è ci ben uua stuffetta in la qual a gran pena sta il padron tanto fetida et sordida, che malim mori frigore, quam fetore et sorde, et inuero pocho in questa terra se contentano de allogiamento, ma io pre ceteris il che me aduiene, perchè non besogna che mo alontami molto della corte per consiglio di tutti ne ho possuto haver altro loco, si che patientia, non so come me adviendrà qui di qualche malatia, fino qui me ho portato assai bene dei gratia preter menm et omnium opinionem. Inposterum fiat voluntas Dei. Non restarò già per pavura ne di febre ne di nemici proseguire la Cattholica impresa. Questo ben supplico a V. S. R. che ne pensi, che Jo lo fenghi, perchè così è, ma nel accadesse altro di me, che a N. S. sij raccomandata l'anima mia et a V. S. R. li miei fratelli et questi seruitori che sono qui al ben et al male meco.

27. Grande et incredibile miracolo è che si troua Religiosi d'altro ordine, che Luther, et Monachi che fauoriscano per la uita, nuom excipio Foldensem Abbatem nobilem virum educatum olim Rome, el qual se non fosse stato meco a Maguntia, certo me sarebbe stato fatto dispiacere: iste semper et totus noster est.

28. Item quasi tutto il Clero, excetti li Retthori di Chiese Parrochiali, è sopramodo infetto, et quelli potissimum che sono promoti per Roma fanno peggio, che gl'oltri.

La plebe fertur precept: ad dicta aliorum, et si lassa trasportar maxime a Maguntia et a Vormes, et inuero ancor altroue più et meno: sed Maguntini al antiquo nequam, ut in vetusto marmore sculptum esse mihi retulit Cardinalis Maguntinus.

29. E questi supradetti tutti in universum non si movent, perchè sapino molto li fundamenti di Luther del qual non aduertano se non la maledicentia et quelle satire di Hutten, et già per nuunti exacerbati contra la Chiesa di Roma, coniungano la causa della fede. Immo la somergano in li tero affeti priuati et innidie che hanno contra di Roma: ma la plebe si correge ogni di per queste prediche. et ubbrusciamenti che si fauno, et più se correggieranno per l'aduento et quatragesima: contra li altri spero che in questa Dieta si darà remedio con l'adiuto di Dio et la bontà di Cesare.

30. Beu supplico per l'amor di Dio, et così fauno tutti li orthodoxi, che si metta fine a tante reserue et dispense et derogatiouel de concordati di Alemagna, compositioui, et altre simili novelle. Preterea che si metti freno ad certi, che intriccano tutti li benefitij, perchè questi popoli nominatim conluugano la materia di Luther con

quest' altre cose, et ci fanno di graue danno in el principal, che concerne la fede catholica, ne si curano di renegare Dio per far uendetta di queste sopradette enormitadi, le quali ancora che creda non esser si grandi come loro le fanno, et io ad oculum sepe le demostro, tutta uolta in questo tumulto si deue remouersi ogni anse et occasione di far le paccie.

31. Credo che costi si sapij assai del opera di questo Ario de Captiuitate Balilonica cujus supra fecit (sic) mentionem, la qual per troppa sua tristezza et enormissima iupietà molto fu al proposito nostro, Jo l'hauerei mandata, ma perchè me ne adiuto assai la retengo.

32. Altre opere in Alemana ha mandato fuora el predetto ribaldo contra la bulla et non so che altre pattie, quali spero de breui mandar a fuoco et fiamma quanto più ne potrò hauer.

33. Hutteno Satyro hà fatto un commento sopra la bulla pieno di uerulentia contra N. S. Item quatro, o sei Epistole ad Cesarem, et alios in quibus de me loquitur multis in locis suppresso tamen nomine, sumpta occasione dal breue scritto al Maguntino, del qual hanno hauuto copia inscio Cardinalis (sic) per meggio, ut puto, delli ocalti Lutherani che seraono a detto Segnor, del che non potrò far che non ne dica più de una parola.

34. Ha dato fuora il detto Hutteno certi libri in rima, et in prosa Alemanica, quales statim (sic) judices ex Hutteni officina prodiisse; lui è qui appresso ad meno di una giornata in un Castello di Francesco Sichinghen, in specula di quello si tratta qui, et per obseruar che via Jo farò al partir di questa Dieta. Gran respetto hanno di procedere alla captura di un suo nobile questi Tedeschi, preterea lui sta molto sul forte ad tal che non potemo ancor far niente: Cesar omnino hà molto nel naso. In questa Dieta uederaxi in ogni cosa far l'ultimo de potentia et dararsi auuiso.

35. Non mancano ribaldi, et si Deo placet, inimici nostri ancor in corte di Roma, li quali ogni cosa quà scriueno, et la bolla fù prima impressa in Germania che publicato in Roma, imo ne costi, ne qui si puol far o dir o scriuer cosa alcuna che non si sapi più per uia di Roma che de questi paesi, et quanto si puol comprendere quelli che adviano questoro di tale noue sono huomini officiali in Roma, aut saltem loro seruitori, a che iusitia (sic) è ridotto il mondo.

36. Jo non spero se non bene d'ogni cosa ancor che tutto questo sottentrione tumultui, ma bisogna far li remedij che Jo scriuo, et molto al proposito sarebbe scriuer al nuntio che è in Anglia cho de ll facesse pronisione perche et per testimonio della Epistola di Erasmo già impressa, quale per auanti N. S. uide, se intende, che molti et grandi in Anglia fauoriscono a Luther, et questi impressori di Germania, quando li faccio occupar o abbrusciar questi tali libri, dicono che ben li spacciaranno per Anuers in Anglia, ma se se expedimo della Dieta vivi, spero ben scurtarle il camino per noua via. Tutta uolta omnino bono è scriuer al Rè Anglo, al Cardinale et al Nuntio, antequam invalescat morbus.

37. El Confessor in questi ultimi quatro giorni già più fiate ci ha dechiarato non

uoler per cosa alcuna restar qui, ma andar al capitolo suo generale che si farà a Carpi, al qual lui è costretto ex uoto. Noi cognoscendo non hauer altro qui a chi più ne possiamo fidare in questo che a lui li facessimo ogni instantia chel restasse allegandoli il maggior imo uniuersale bene della Chiesa esser da preferir al bene particular, et quod ad hoc cogeretur ex uoto baptismi quod longe antestat uotum religionis, et in fin disso, che non restarebbe ne per imperatore, ne per Rè se non li comandasse el Santissimo per expresso breue. Noi le promettessimo scriuer al S. — et che sperauamo, imo lo assicurauamo che S. S. adnueret ejus uotis tandem.

3.

Rme....
Hieri ben mattino fù qui (el Cenfessore) meco per spatio di forse 5 hore, et conferissemo delle cose di Luther, et sui errori acciochè al examen el fusse ben instrutto, poi me tornò a repeter che li sarebbe necessario partir, se non fusse expressamente inibito da N. S.: disseli che scriuesse una instruttione dello che voleua, che la mandarei per il primo, et subito lui stesso sumpto calamo in ictu oculi piantò queste due minute de brevi, li quali mando, che me parse veder un abreviator de majori ouuero un Rmo. Sanctorum quatuor ne bisogno, nisi magna necessitas cogat, mutar quidquid sit in illis, perche par non hauer multo grato che sijno corrette (?) le cose sue. Supplico, sijno subito expediti li brevi, et lo diriciato a lui se mandi qui per il primo, et l'altro a Carpi insieme con ducento, ouuero trecento bulle contra Luther, beuchè el Confessor dice quatrocento, acciochè si diuulghino fra li suoi frati, et besogna mandarle stampar subito, ma corrette, che certo gioueriano assai, et molto più se se ne mandasse a Capitoli di altri ordini ouuer a loro generali, perche oportet clauum clauo trudere, et fratres fratribus castigare, et in hoc amore Dei non si sparagni qualche danaro che però non sarauno molti, che el Confessor dice che per qualche sua prattica fratesca per comodo o honor del suo ordine non sparagnerebbe qualche centinajo, et ancor più di duc: etc. Al che Jo rispose, che l' S. — mai mancò, ne mancherii non solum expendere el danaro, ma anche spander il sangue per conseruatione della S.ᵗᵃ Chiesa a se comessa.

Questo Basilisco Saxone alli di passati a tre Elettori disse che N. S. ben darebbe a Martino un grande Archiepiscopato, et ancor el Capello, acciochè l'recantasse, et che lo sapea ben certo: Il Treuerense mi disse che già el S. — haueua fatta tal oblatione a detto Luther, donde dice el Treuerense che tutto il mondo se scandalizzaua, et me domandò se Jo sapeua se cosi fosse, et disseli quello che era, et che se homo el deuesse super mene sarebbe stata fatta qualche comisione, ma che S. S.ᵗᵃ Il. non se marauigliasse, che quelli non hauessi conscientia di trouar un peccato di manifesta bugia, el qual non haueua timor di ruinar la Chiesa di Dio. Adeo con tutte le vie El si sforza condur al fine la sua diabolica Impresa.

Tanto è il favor, che questi ribaldi fanno a Luther che alcuni di loro hanno hauuto ardir publice sopra la piaccia dire disputando contra un huomo da ben spagnuolo, che non è marariglia che Luther è da più di santo Augustino perchè santo Augustino fù peccatoro e potè errar, et errò, ma Luther est sine ullo peccato, et però non ha mai errato, et hoc dicebat in magna populi corona in medio foro, però l'hanno depento da nouo con la colomba in capo, et la croce di N. S., et in altre imagine con la diadema irradiata, et lo uendano, et basciano, et portano nel palazzo, veda V. S. R. a manj di che gente siamo, la qual inuero non è più quella Cattholica Germania che olim era, purchè non uediamo peggio, quod Deus auuertat.

Erasmo ogni dì manda qui lettre, messagieri, et corrieri excusandosi doue el non è accusato, che lui non sa niente di certi libri, li quali lui scriue, che Martino è per negar hauerli composti, e finalmente el bon Erasmo fu tale excusatione, che et Cesar, et molti de migliori nota da se medesimi hanno preso suspisione che non sia quello che Jo ho già scritto, et tengolo per certo, ancorchè qui Jo lo dissimulo: ben mi meraviglio che le mie lettere costi sieno comunicate a persone, dalle quali par che Erasmo sij aduisato de lo che scriuo, perchè me ne fa per sue lettere grandi querele, et ad suoi amici scriuendomi da di strani morsi, de quali però non me ne curo, pur se vorrebbe hauer qualche resguardo almeno alla causa universal della fede, et Chiesa di Dio, se non al fatto mio specialmente mentre che sto in queste parti, et poi se Erasmo perseuererà dir mal d'altri, trouarà ben chi dirà, et scriuerà peggio di lui con più uerità, et miglior fundamento.

Bono sarebbe, anzi necessario come ho scritto alli di passati scriuer un breue a Cesar comendando questi buoni affeti exortandolo a perseuerar con quatro parole di credenza, accio si refreschi la cosa.

Similmente alcuni breui ancora ad li comissarij et Cardinali et lettere di V. S. R. in Francese a Chieures, perchè molto giouarauno, e supplico si habino subito, et non si manchi, perchè adesso è il tempo, si per la presentia di Cesar, come per la Dieta.

Besogna et omnino mandar quella mia comissione in causa Lutherana cum potestate substituendi et altre clausule sicome ho scritto al Rmo. Seg." S. IIII altramente come me sono partito di una terra repullulat aliqua in parte morbus, neque est qui medeatur, però supplico V. S. R. si degni omnino comandar ad suoi, che procurino, et me la mandino presto

Hac hora dum haec scriberem el Secretario Maximiliano me ha mandato per uno de miei la copia della lettera si ha a scriuer al Duca di Sassonia, la qual mi ha detto Lege, che è forte bona. Jo me la farò interpretar per esser Alemanica, et se sarà a modo mio sollicitarò, che la se mandi subito per Corrier di Cesar in Saxonia.

4.

Rmo...

Per obuiar più che si potè a questi tumulti di Germania et prohibir li stridi che fanno in questa Dieta, par esser necessario in primis universalmente revocar ogni reserva presertim fatta con derogatione concordatorum, et in futurum schifar tal derogatione, quando mille volte Cesar la domandasse

l'retersa et in presenti veder di far se qualche lite pende ancor indecisa per vigor di tal derogatione o altri meygi che fanno tumultuar questoro, che nostro Signore extingui et li impetranti habbino patientia per questa volta, perchè expedit paucos mori pro populo tanto più, che chi hanno impetrato sono ricchi, et si provveda a mille alongheggiamenti, che questoro si lamentano farsi in Rota, et per notarij di quella si ita est, che s. Santità imponat silentium, vel suspendat prosecutionem litigiorum per el presente, tanto che passo questo furor.

Particolarmente besogna che V. S. Rma facci con el Rdo Episcopo Casertano che sua Signoria se deporti de una certa prebenda monasterien., ad quam ipse habet jus vigore reserve cum derogatione concordatorum, donde ne voleano qui far grande querela, ma el Cancelliere Coloniense mio amico, et honoratissimo huomo et buon ecclesiastico me ne ha advertito per sue lettere le quali io mando, donde a chi V. S. Rma commetterà queste cose ne potranno pigliar informatione, et certo non è cosa per el Signor Casertano una prebenda monasterien., però se si pote, bono sarebbe chel compiacesse a questoro, attenta detta derogatione la qual fa strider il mundo.

Item el Signor de Arnuestorff, cameriere che dorme in camera di Cesar, molto al suo Signor grato lamenta del Card. Egidio di certa prepositura vigore cujusdum reserve, ma più si dole di M. Enkevnoist a chi lui, o per lettere di Cesar et sue havea raccomandato la cosa sua, et tassalo o de frande o de negligentia; Cesar ore suo me ne ha parlato, poi ne ho scritto ad ambe doi, et ancor suplico a V. S. Rma se degni far trattar cum el Rmo S. Cardinal predetto, che si degni a contentar detto Cameriere, o almeno scriver di sorte, che Cesar con detto Cameriere cognosca che non se gli ha fatto torto; questa è di assai importanza et fino a qui è stato huomo ecclesiastico, al presente comincia a stridar et far el trenta para (?), se non se gli fa ragion come lui dice manda la sua propria istruttion ancorchè la sia in francese, non ho tempo di tradurla.

Un' altra causa de un 'honestissimo gentilhuomo preposito Hildesemen et canonico moguntino buon servitor di nostro Signore, et dotto et da ben, la qual se cosi è come lui narra, certo è molto strania, et dogliomi che l' habij tal controversia cum m Ja; Questemberg, el quale ancora che sij in loco di padre, tuttavolta per il ben pubblico son costretto a servir et contentar questoro.

Un' altra di quello medemo contra un' altro, mando le sue instruttioni, V. S. Rma si degni le commetter et far che di qui questoro habijno qualche risposta, che io ho fatto l'offitio che mi hanno richiesto.

Item scrissi alli di passati sopra certa unione in oppido Seltradien, della qual ne è informatissimo il Rmo Cardenal Campeggio, in hoc oppido sta gran fundamento et speranza delli Lutherani che sono al Reno, et ci sono de boni ingegni, et però sarebbe buono che sua Santità gratificasse a quel popolo per poterlo havere ad nutum suum contra di detti Lutherani, et si potrin scriver un Breve di questa somma che me ha formato et datomi un secretario di Cesar, mando la copia, ne besogna in questi casi haver tanto respetto a quelli che dicono haver jus quesitum, perche S— D. N. ad evitandum tantum malum, potest etiam auferre beneficia pacifica, et dare aliis, et di questo ne prega assai il sopradetto secretario che ha gran credito con li Lutherani et mostra voler far assai in redur molti, presertim di detto oppido Steltenalten.; ipse est Jac. Spieghel et che vol omnino esser bon servitor di nostro Signore et di V. S. Rma.

Quello libretto che io mando cum titulo Costantini Eubulis Mosentini, e sta fatto dal Curato di detta terra Dottor Theologo nominato Paulo Phrigio, et questo me ha detto secreto el sopradetto amico, che me ha dato esso libro e dubio procul promette che quel suo popolo farà ogni demonstration se nostro Signore li gratifica, et simul acriva un breve ut supra.

Mando preterea una reformatione capiti (Capitonis) Doctoris Theologi, el qual sta cum Moguntino, questui comuni omnium opinione è stato sempre della secta Lutherana, ma al presente per il patron è mutato, aut saltem simulat, et pur spesso intendo che nelli colloquij retorna al vomito, il che non me lo nega, ma dice far per decovrir l'animo delli altri, la qual excusatione ancorchè inepta, pur io sengo mangiarla, et mostro haver ogni mia fede in lui; buono sarebbe se possibile è che Nostro Signore il contentasse, perchè è dotto et facondo et multum potest prodesse. Supplico a V. S. Rma si degni dar commissione ad alcuno che con la più dexterità et maturità se pole. vedi far contentar questoro, perchè molto gioverà a prohibir maggiori tumulti in questa natione in tal modo concitata, che non ci vedo cosa buona preter Cesarem, et a quella genibus flexis baso le mani.

Vormatiae VI Feb. 1521.

5.

Rme ....

A di X di questo ricevei la di V. S. Rma con le Bulle contra Luther et alcuni Brevi, et simul la lettera di Duc. 400 della qual expeditione rengratio humilmente la Santità di Nro Signore et V. S. Rma; vero è che se fosse stata più a tempo, mancaressimo al presente di quella molestia come io credo, perchè ante frequentiam Principum havevamo la parte adversa molto meno potente, che al presente par quasi invincibile, tuttavolta meglio è tardi che non mai, ma delli danari non so come si farà perchè la lettera è di pagar in Augusta sei giornate longhe de qui, ne è sicuro il camino.

In reliquis, ancorchè in questa expeditione di Brevi et Bulle, me ci faccia non puoco torto, che dopoi tanti affanni, fatiche, pericoli tollerati da me solo, del chè tutta questa Corte ne pol far fede, et la Germania, come per suoi libri appar, pur troppo se ne resente, par, che Nro Signore non si fidi di me, che dovendomesi pro necessitate rei ampliar la commissione, se mi leva il nome mio et la credentia di Principi, ne manco si ha fatto conto io ho scritto esser necessario, come lo scio meglio di quelli che non lo trattano, tuttavolta non cessarò di far che si conosca che sono buono et fidelissimo servitor di nostro Signore et di V S. Rma al honor di Dio et comodo die Santa Chiesa, ne demando ultro maggior premio che nostro Signor Dio inspiri il S— et V. S. Rma in veder cogli occhi del cuor una decima parte delli pericoli, necessitati, ignominie, quali io patisco per questa mia n uno solo infelice impresa, et se io ho fatto mai in questa cosa error di una syllaba, quod constet fidejassorum (?) non reprobato testimonio, et sel se trovasse quod ego solus non tulerim pondus diei et estus presertim in arduis et laboriosis, son paratissimo perder la gratia del S** et di V. S. Rma.

Molti errori nocivi alla causa nostra commessi in questa expeditione potrei narrare, ma non ho tempo, perchè questa mane Cesare ore suo m' ha commesso che deman omnino davanti Sua Maestà, li Elettori et altri tutti Principi et populi io habbi a orar la causa di Martino, et demandar lo che volemo, il che ancorchè per la brevità del tempo me sij quasi impossibile, tuttavolta laborerò tutta questa notte, pregando Dio me tenghi forte in defender la causa sua in quo ben spero, purchè le forze del corpo stijno salde, che in vero quasi ogni notte da molti giorni ho un non poco di febre.

Jo non posso non replicar per questa, maravigliarmi molto che Erasmo habbij tanto impresso nel capo alli miei Signori, che io gli fo torto, et che costà si crede che io habbi al presente o mai alias havuto alcuna controversia con Erasmo, ancorchè mille volte lui habbi pigliato l'avantagio parte per temer, lo che deverei merito far contra di lui, parte per estorquer quello breve del papa a qualche suo proposito, come el fece de quelaltro, per il quale Nostro Signore gli approba quello che l'ha scritto, dove non molte cose peggior che quelle di Luther, come sono parato a mostrarle in assaissimi luoghi, tuttavolta mai io l'ho specificato ad alcuno ancora che in molti luoghi me ho trovato con grandi huomini et presertim el Sedun., li quali tieneno expresse alcuni libri adscritti a Martino, di peggiori esser di Erasmo, et li manifesti suoi esser pieni de periculosissimi errori, tamen sempre ho dissimulato, come per una mia prima et secunda lettera ho scritto, et questo ne concitaremus nobis simul tot hostes, ne sarei stato si pazzo fare altramente, però vorrei, o che mi levassero la commission se io sono sospetto, o si pensasse che quando mille fiate Erasmo fosse mio nemico, io mai harrei posposto il commodo della causa a miei privati affetti, et se si dice che Erasmo l'ha scritto ancora contra il papa, et la sua Bolla ha detto molte manifeste bugie, et ha turbato et turba peggio che tutti li altri la Germania ab ortu Rheni ad Oceanum, come cosi ò, et per il presente solum lo dico a Nro Signor et V. S. Rma et a quelli qui nimis tribuunt in hac parte Erasmo, poi per dirlo aperto ore et scriptis in deffensione della fede quando Nro Signor e V. S. Rma lo permetteran, et el tempo lo richiederà, si chè tandem non si dubiti alcuno, che mai l'appetito mio sij di maggior momento appresso di me, che al 'honor et il comodo de miei Signori che se fidano in me, presertim in questa cosa, nella qual sempre ho fatto et farò tutto il mio sforzo, ancorchè certo le cose sijno in terribili termini, et tali che non li ardisco scriver per non parer de far le mie fatiche tanto grandi; ben spero con l'ajuto de Dio satisfar alli desiderj et comandamenti di quella la qual se degni far fare costà qualche buona oratione, et a essa per mille volte baso le mani, pregandoli bona, longa et felice vita insieme con el Nro Signor

Vormatiae ex Aula Cesaris XII Febr. 1521.

6.

Rme....

Auendo hoggi inteso, che l' Corrier, el qual era per partir già tre giorni, non era ancor partito, mi ho fatto restituir il pachetto de mie lettere, et aggiuntoli questa per la qual significo a V. S. R. como hieri primo di di quadragesima dopoi pranzo in connento frequentissimo Cesaris, Principum Electorum omnium, excepto Saxone qui simulavit sinistram ualetudinem, et mandò suo locotenente con alcuni consilieri, et aliorum Principum tam Ecclesiasticorum, tam laicorum, et omnium statuum, et ordinum Imperii ac omnium consiliorum Cesaris, habui orationem per forsi tre hore et più, nella qual ancorchè io hauesse haunto poco spatio a pensarci, perchè ut scripseram, solo el di ananti Cesar mi haneua comesso, che Jo proponesse tutta uolta per hauer già tante uolte trattato questa maledetta materia et tam priuatim quam publice parlatone me trouai con gratia di Dio si in ordine, che ancorchè dicesse assai in tre hore hauerei certo possuto dirne ancor quatro, come da più parte se intende apte, et apposite ad causam, et feliciter ut vero ego ipse sentio, qui mihi in .... studiis nunquam satisfacio, mediocriter et non omnino feliciter, ne lo adscriuo questo al mio ingegno o facundia, quod utrumque in me nullum vel minimum est, ma alla gratia di Dio, alli meriti della causa justissima, et alle crudeli enormità di Luther, le quali sempre adduxi dalli libri suoi presenti, et postea refellebam, et poi feci le demostrationi delli inconuenienti che potranno accader, et la ignominia, et infamia di questa natione, etiam recordandoli, che Imperium his artibus conseruatur, quibus paratum est, et che loro pensassero che Carlo Magno, et li Ottoni per fauorir alla Sede Ap. haueano acquistato l'imperio di Germania da detta Sede, et lo Elettorato, et del Concilio de Constantia, et di Bohemi, et molt' altre cose, che sarebbe lungo et poco necessario a repetere.

Erano presenti molti Principi grandi Lutherani, et li secretarij del Duca Saxone, qui excipiebant multa quamvis dum timeo, ne mihi tempus deesset, admodum Cleri uterer oratione, et già intendo che loro diceuano, che Jo toccaua il loro Principe odiosamente, quod falsum est, sicome ancora mentirono a Colonia, quando parlai nel presentar del breue al Duca predetto, praesentibus Caraciolo, Tergestino, et Tridentino episcopis per testimonio di quello io era per dir, ne mi ualse usare anche allora ogni modestia che dipoi mandandoci el Duca la risposta disse per information di questo med°. ribaldo, qui heri excipiebat, che noi haueuamo detto mal di loro Principe, ma queste bestie semper cosi impudenter fingunt per hauer causa di maledire, et irritar el loro Principe come sempre fin qui han fatto essendo li suoi tutti lutheranissimi. Ben dico, che se il duca fosse stato presente io con ogni modestia pero non tamen citra decorum l'hauerei un pochetto morso, perchè ormai non ce più speranfa di mutarlo per buone parole, e tanto più l'harei fatto, perchè Cesar et Chieures dissero al S'' Carazzolo primo, et poi a me, et cosi al Maguntino, che io non temesse per niente dir tutto che mi parea far a proposito, quod et feci per Deum imperterritus, come Jo fosse stato a lezzer una lezzione a XX fanciulli,

ancorchè io uedesse la molti Principi Lutherani, li quali mi faceuano di brutti visi, et per auanti spesso mi habbino fatto minacciar, ma certo non stimo un pelo morire per la fede, et per li miei Patroni.
Vormatie 14. Febr.

7.

Rmo...

Ho riceputo la di V. S. Rma de sei del presente insieme col libro di frate Ambrosio, utrumque gratissimum fuit, ma presertim la lettera per un Capitolo che in quella era in comendation del Confessor, il che lui ha havuto molto caro, perchè per il breve dell' altro di, del qual lui ne ha veduto altri simili in mani di quelli a chi sono stati distribuiti, quia isti in hac presertim re conferunt omnia cum confessore, non parse esser molto contento, ma al presente vedendo le dolcissime parole et le beneditioni di Nro Signore, certo ne è molto satisfatto. Prego V. S. Rma che quando se gli harrà più a scrivere, se gli faccia un Breve peculiare, cosi come lui se adopra più particolarmente che li altri, et più pole che ogni altro, perchè ognuno quasi in questo vanno ad lui, come più a pieno ne potrei scrivere.

Quinimo esso medemo Duca di Saxonia ha mandato un suo consigliere lutheranissimo più di 7 o 8 di continui a conferir quotidie tres uel quatuor horas cum detto confessor, sed frustra fuit laboratum.

Il libretto qual io mando delle querelle di Germania, vien de casa de Saxonia, ne è ancor altrove publicato. Un segretario de Liege qual ha amicizia in casa del Saxone me lo ha aportato nesciis Saxonibus, non so se altramente si publicarà qua in Dieta, benchè verbis fanno qurelle et simili et peggiori.

La cosa nostra è in gran travaglio per questi Principi dell' Imperio li quali molto contrariano volendo che la cosa restasse cosi, doman devemo responder; questa mane habbiamo parlato cum Cesar et el Rmo Nuntio, et io ubi aderat etiam D. Rafael, Sua Maesta ci da buon animo ed è costante, cosi fossero tutti gli altri, vederemo lo che diranno questoro, et si farà tutto il possibile per noi. Rengratio V. S. Rma dell' animo che la me dona et me exhorta et comanda ch' io faccia el debito mio, tuttavolta certo hoc est addere calcaria sponte currenti equo, perchè di tal modo me ne affatigo, che ho perso quello resto di sanità pocheta, ch' io havera, et sto in grandissimo pericolo di continuo di esser ammazzato et quantum attinet ad gratiam et famam aliquidque nominis quod prius habebam in Germania, tutto è perso, et mi fanno mille et mille insulti et comedie del fatto mio. Quae omnia aequo animo fero, neque prorsus ab opere desisto ad honorem Dei et S.ᵐⁱ D. Nostri et V. Rma D, atque ad comodum et defensionem reipublicae Christiana, et per mia fede tanto temo quanto fosse in meggio a Roma far le facende che qui me bisognano; certo è che io vado ben cantamente più che posso, ma però assai ho lassato far il debito, et in questo cognosco che mi giova assai haver la mia camera appresso et quasi contigua a palazzo del Ré, alioquin ognuno me dice che me sarebbe stato fatto del male quod Deus avvertat.

Hieri sera ricevei lettere di M. Joanne Ecchio, hoggi gli ho fatto risposta, et acciochè Nro Signore et V. S. Rma ne sijno del tutto advisati mando la copia di lettere di ambidue, et a V. S. Rma basando le mani humilmente mi raccomando.
Vormatie XVIII Feb. 1521.

8.

Rme.....

Scrissi alli di passati a V. S. R. che non obstante che molto rechiassemo che non si proponesse in Dieta la causa di Martino per li evidentissimi et absurdissimi fauori che li prestano tutti i Principi smo per le pacce et abominenoli persuasioni che 'l Diabolo ha messo nel capo a tutta la Germania tutta uolta Cesar per il conseglio de suoi Secreti, li quali uolendo compiacer a Dio et mondo fanno delle cose che dispiaceno, et al uno, et l'altro, uolse che si proponesse sotto questo color che molto meglio et più pacificamente si extinguerebbe questo incendio se li mandati di S. M. fussero tutti de consensu, et conseglio Principum, et allegando noi il pericolo, che euenirebbe se li Principi dissentissero da Cesare, che tanc l'harebbe le mani legate, ma che più sicuro sarebbe che Cesar sua auctoritate sicut potest, et debet exequisse nell' Imperio la sententia del Pontefice in causa fidei, come già iu sue terre di Borgogna et Fiandra lui haueua fatto, et di questa opinione con noi era la maggior parte, imo quasi tutto il conseglio di Germania: rispose il Cancelliere che non se ligarebbe però le mani a Cesar, anzi che fatta la mia propositione nomine Pontificis, che S. M. era per dire che in questa cosa lui già de maturo Consilio di tutte sue nationi lui haueua ordinato, et passato il decreto contra Luther, et li libri di quello, el qual decreto lui absolute uoleua se exeguisse nelli suoi Regni, et dominij patrimoniali, et nihilominus nello Imperio. Ma questo defectu principum, non già consilio, neque assensu li quali etiam che richiamassero, diceua el Cancellier, et tutti li Consiliarij, che nondimeno S. M. proseguirebbe, quod tamen adhuc non est factum, anzi che Cesar nel medesimo di, che Jo proposi dichiarasse la mente sua, come di sopra ho detto, et dopoi il di seguente mandasse alla sala di Principi un Conseliere a dichiarar di nouo questo suo uolere; tutta uolta li Principi per sette giorni consultarono con tanta controuersia che el Duca Saxone, et el Marchese Brandenburgh uennero quasi ad manus, et sarebbe fatto se non se fossero de meggio Saltzburgh, et altri, che ui eranó, quod a primordiis Electoratus ad haec usque tempora dicono tutti mai esser più accaduto con stupore omnium et pericolo di qualche gran tumulto.

Hor li Principi Elettori in la loro Sala a questo modo erano diuisi, che li tre Ecclesiastici et el Marchese di Brandenburgh erano di un uoler et come posso intendere assai bono certo, ma non del tutto come noi uoleuamo.

El Saxone, et il Palatino obstinatissimi insieme, che faceuano cose da pazzi uscirono fuora gridando 'non obstante, che doueuano sequi pacifice pluralitatem uotorum sui Collegii.

Li quatro dissero per organo del March. di Brandenburgh huomo et latine et alemanica facondissimo la loro opinione alla quale pare che assentiano molti Principi della seconda classe, et però dopoi alquanto spattietto di tempo li altri doi Elettori dissero acquiescere, quia necesse erat per la pluralità de suoi Colleghi, tamen per il grande contrasto primo fatto, et per le prattiche, che l' Duca Saxone haueua hauuto tutta la conclusione che deuea esser per noi, fù intricata, che ne l' Duca Saxone hauuto al suo modo neque tamen andò secondo che benissimo haueuano incominciato li altri quatro Elettori deliberar per noi.

Hor la conclusione di tutti quanto possiamo intendere in questi articoli dati a Cesar in scritto alemanice fù primo che ringratiauano S. M , che puotendo mandar fuora tal mandato, tamen haueua voluto cominciar con loro. Il che era ben fatto per seruar Jura Imperii, deinde che per niente tal mandato si mandasse fuora, perchè sarebbe causa di grandissimo scandalo per li popoli, che già non cercano se non uenir ad arma, et che S. M. haueua diuinato bene a dimandar il parer loro perchè altramente harebbe visto un grande fuoco in Germania, et cosi già sibi vindicarunt votum deliberandi in hac re, quod tamen cancellarius nobis responderat non futur:, che Dio li perdoni.

B. dissero, che auanti, che se hauesse a publicar, omnino se chiamasse Martino sul salvo conducta, et interrogaretur se lui haueua scritto tali libri, et se li comandasse, che quello che tocca la fede, et li sacramenti, lui reuocasse statim, altramente sarebbe tenuto per heretico, et postquam rediisset in primum ex dieta procederetur in eum tanquam in hereticum, fusse preso, et a questo tutti i Principi voleuano metter li beni, et li corpi loro, ma delle cose che toccano all' autorità del Papa, et jura positiua, che lui fosse audito, et che se desse judici da Cesar ad udir chi uolesse disputar contra Martino, notasi la bella deliberation di Principi di Alemagna, poi se publicasse il mandato. Il che sarebbe in diebus illis, et ben si uede, che sono trame del Saxone per differir la cosa, ancorchè mille uolte molti Principi che pareno buoni, et certo pensano far santamente, tengbino che sij per il meglio.

Quum tamen sit pessimum Consilium, et se non peccano per malignità, peccano per ignoranza, tutta uolta diceano che remetteano ogni cosa a Cesar in la M. Ces. recondandoli però che ben guardasse de non far qualche grande scandalo in questo Imperio, publicando el mandato altramente, che loro consigliauano.

Postremo supplicauano S. M., che li liberasse dalla Tirannia di Roma, et quiui effuderunt omnia venena sua contra nos a chi peggio poteua dire.

A quella deliberatione loro, la qual Cesar se fece tradur in francese, S. M. rispose prudenter, che le querele di Roma non uoleua che si mescolasseno con la cosa di Luther, che toccaua la fede, ma che S. M. scriuerebbe a N. S., et che speraua che S. S. darebbe ordine alli abusi, se sono come loro dicono.

A quello de autoritate Papae, et decretis, et decretalibus S. M. disse, che per niente se haueua a disputer, ma che se Martino haueua a uenir, solum se interrogasse se lui haueua composto quelli libri, et casu quo confiteretur, se uoleua sustentar, et defender quello che l'ha scritto contra la fede, et eum ordinem et ritum, quem obseruarunt in omnibus patres nostri usque ad hodiernam diem, quod si revocaret, tunc preoccuparet Cesar ut S.— D. N. eum absolueret, et raciperet, sin autem abstinate perseveraret in sua heresi, postquam rediisset sul saluo conductu unde huc adueniset, se fusse preso come heretico, et sopra ciò fece adunar li Consegli di sue nationi, doue fù sino ad hore quatro di notte, et noi expectassemo sempre per intendere la conclusione, la qual non fu fatta per li uoti discordanti, perchè in el conseglio sono alcuni, che hanno secreto stipendio dal Duca di Sassonia. Tandem Cesar comise a Saltzburgh, Sedunen, Triest, Palenza, Tudensis, el Confessor, et tre altri dottori, che loro uedessero di seruir a Dio, a N. S., all' honor, et debito de S. M., et con più contentezza delli Principi, et manco scandalo de popoli, che si potesse.

Qui dirò di questo conte Pallatino, el qual sempre noi habbiamo tenuto per nostro, et bono ecclesiastico, che ancorchè in un anno lui mai parli dieci parole al presente in questa consultatione, ut audio, ha mandato fuora mugiti che pareua un foro in fauor di Luther per dispetto della Sede apost., et intendo da alcuni l'rincipi grandi, che lui l'ha fatto, perchè si tiene offeso forte per li fauori, et exemptioni concesse alli laici di Ratisbona contra lo Episcopo fratello del detto Pallatino in uua causa di certa Chiesa, del che saria lungo scriuere, ne molto necessario per il presente, che Dio perdoni a tante exemptioni che fanno, che li Prelati di Germania contra laicos minus possint, et maxime nobis indignantur, et li laici non però mai cessano esserci contrarij, come è di loro natura, et con queste expeditioni tanto peggio fanno contra il clero, quanto nunc sunt fortiones, et al presente ben io m' arrecordo, che essendo io già 5 anni mandato dall' Episcopo Leodiens. a Roma contra tante expeditioni concesse in danno del detto Episcopo, Jo dissi a N. S. quel che quasi uedemo auuenuto, che Jo temeua tumulto Germanico contra Sedem Apostolicam, perchè l'haueua già inteso da molti in questi paesi, li quali non aspettauano altro, se non un pazzo che aprisse la bocca contra Roma, sed tunc mihi nihil credebatur. Verum quia facta infecta fieri non possunt, almeno pasthac se li habbi maggior riguardo per l'amor di Dio, che si, che non se innoui alcuna cosa che facci cridar questoro ne in exemptione, ne in derogationi, ne in reserue, le quali sicome sanctamente alli di passati sono state leuate, ita etiam male sono state reconcesse ad alcuni, come a quel Abel, il quale etiam nuperrime vigore reserue ha fatto prender possessione di una prepositura Argentinen, et non so che altri beneficij, come me dice Armestorf Cameriere secreto di Cesare el qual quanto prima era buono apostolico tanto adesso è contrario; preterea le reserue concesse alli Marchesi di Brandenburgh niente gli giouano, et qui fanno gridar il mondo, et el Casimiro loro fratello non è niente contento di Roma, dicendo publicamente, che suoi fratelli hanno perso il loro tempo a Roma, et mille uilissime persone hanno le legioni di prepositure, et benefitij, et quantam intelligo, ne fa tanto cridor, che molto ci ha nociuto. Però sotto correction parlando ben sarebbe leuar dette riserue che intricano certi beneficiati, et fanno far tumulto delli ordinarij senza utile di detti Marchesi, et quando uaca alcuna prepositura di Alemagna, le quali pleno jure spectant ad collationem Pontificis, S. S. potrebbe ben conferirle a detti Marchesi, hauendo una lista appresso di se, et del Signor Datario di dette prepositure, si come intende, che fr. re. Julio faceua.

Saltzburghen ante omnia ha me dichiarato che suo parer non è, che Martino neuisse, ma che tutti li Principi et popoli lo chiamano, ne è possibile altramente far cosa buona, et che ben uoleua saper el uoler nostro.

Noi respondessimo, che non poteamo ne doueamo permettere quantum in nobis est, che si disputasse, auscultasse, o interrogasse in cosa, doue antiqua concilia, et N. S. moderno tulerat sententiam, preterea li diceamo il scandalo che potrebbe accader nelli popoli per la uenuta di Martino, et molte raggioni che sarebbo lungo a repeter, ma che el deuer di Cesare sarebbe, ex quo videt a Pontifice harum rerum judice solo et uero damnatos libros Martini, et che reuera tutti dicono esser pessimi, et che li facesse publicar per damnati, et prohibirli, et exterminarli, et de Martino facesse juxta formam juris, et si temesse il popolo trouasse el miglior meggio che a lui paresse, purchè non derogasse l'autorità del S.^{mo}, ne che, pensando far bene, facesse più gran scandalo, si che stamo tutti questi di in tali laberinti che innero non sapiamo, doue ne uolgere, perchè se Martino uene, gran pericolo ò di mal, ot pegio.

El se noi instamo, che l'non uenghi et che questoro per tal causa non faccino lo che decino butaranno sempre in ochio, che per colpa nostra non si ha fatto fine a tal cosa, et a Roma non si ponderano le cose in la fede diligentia di chi si mandano in comisione, ma solum in euentu rerum. In queste alterationi, et anxiotadi siamo tutti questi giorni et lamentatoci con Chieures, et el Cancellieri et altri, che ben li diceamo che non si proponesse tal cosa alli Alemani, et loro dicono che li Principi haueano già fatto protestatiouo a Cesar di non uoler obedir a tal mandato, se si fosse fatt' altramente, fino el Confessor, et molti altri S.^{ri} dicono che molti Principi et nobili, che auanti non haueuano letto li errori di Luther in fide, ma solum le sue blasphemie contra Pontificem et Clerum, et per comune error d'altri erano fidissimi Lutherani, da poichè udirono l'heresie, che furono mostrate coram Cesare et Imperio nelli libri proprij suoi, si sono del tutto cambiati, et fatti orthodoxi, del che Dio sa lo che ne è. Jo ben uorrei, che non si fosse proposto, ma che Cesar ci hauesse concesso il mandato juxta conclusionem captam eio XXIX Decembris proximi passato la qual Dio perdoni a chi haueua la cura, et per sua timidità fù colpa, che non fosse statim exequita; ben è uero che se si potesse pigliar buon uerso doppo tanta disputatione, et conclusione di questi Principi, la cosa si portarebbe mille uolte meglio, che non si sarebbe alla consideratione, et già se potrebbe dir che la hidra Lutherana fusse penitus extincta, quod Deus faciat.

El Salzburghen dopoi nostre molte instruttioni che ha preso per conclusion reformar il decreto di sorte che non si potesse rechiamare, ne da Principi ne da popoli, et tamen si facesse l'effetto, che noi desideramo, si possibile est, et cosi hieri sera fù fatto il decreto in Alemano, el qual mi mostrò questa mane in diluculo, e detta la cura a Spieghel lo facesse in latino, et me lo comunicasse antequam ab aliquo deputatorum videretur, quod tamen non fuit factum, anzi da 23 hore fin a quest hora seconda e meggia di notte li Deputati sono stati in casa con Sedunen sopra questa cosa, del che demau solecitarò intender, et far il resto quanto potrò.

9.

Rme...

In tal modo uanno le cose nostre tanto ancipiti, et ogni di uariabili, che non è ingegno humano che possi trouarci uerso alcuno et in omnibus si uede, se non dilation, o priuati affetti, che se Cesare non fosse cosi buono, actum esset, la colpa è causa ancorchè sij difficile a sapere, tutta uolta in bona parte la comprendo, ma non ansim scribere prima che Jo sij fuora di questa Alemagna, donde scriuerò cose che mai homo si potrebbe pensar, che cosi fossero, et pur sono, ma scrinere si potrebbe far altro de lo che si fa, del che mi crepa il cuor considerando, che siamo cosi trattati non noi ma Dio, la fede, et el S.™ Ben supplico V. S. R. che tenghi per certo l'ordine delle cose esser come di sopra è scritto, et amore Dei si habbi cura non si parli molto, me autore di questa rizza delli Elettori, et Principi tanto che Jo sono nelle mani loro, per che essendone stato parlato qui per altri, che preme si leuò un tumulto tra li Principi, che uoleuano saper chi ha diuulgato li loro secreti, ne cercano si non occasione de menar le mani, et el primo sarei io battuto, ouero con excitar noua controuersia tra loro impedir l'effetto della mia comissione.

Supplico ancora che N. S. et V. S. R. tenghino per certo che per noi non si fa con summa fede, et extrema diligentia in questa cosa secondo che el debito richiede, el S." Nuntio, et M." Rafaelo mai sono stanchi di accampagnarmi ad interuenir alli atti miei di questa materia. Jo che parli di me stesso indecorum esset, ben so che son redotto a tale esser della mia sanità che ha paura di lassarci la pelle, ne è da morauigliarsi, perchè innero la materia è molto strana, et pericolosa, et tutto il mondo immutato, et Jo solo da sustentar tanto peso, dico quanto al proponer publice, et priuatim, informare, disputare, et altri simili atti necessarii. In omnibus fiat uoluntas Dei, qui causam suam protegat et S. D. N. suum verum Vicarium et R. D. V. incolumem seruet.

Vormatie 27. Feb. MDXXI.

10.

Rme...

Non essendo partito el Corrier ho voluto aggiunger lo che hoggi habbiamo inteso dalle cose nostre.

Jo summo mane ante ortum solis parlai con Chieuvres, el qual mi disse che al Re maxime instava per darsi or." al fatto di Luther, et discorrendomi per l'inconvenienti che venivano da questa tardità et li pericoli emergenti in la Christianità et stati di tutti principi per causa di tal heresia mi rispose, che lui non trovava molta difficoltà in extinguere questa cosa, se si segue l'ordine concetto dal Ré, casu quo si vedi non deviar del tutto dal concilio di questi Principi, et gia tre o quattro volte han detto che lui non vede questa cosa cosi difficile a sedare come tutti dicono, e diverso il Cancelliere dice essere impossibile saltem absque Concilio et quod fata obstant, et questo è il suo proverbio; el Confessor dice che vede già quasi l'incendio acceso, li Prencipi par che dubitano assai, li prelati temono, et non si trova via a metter rimedio, anzi quelli medesimi che temeno, disputano in fauor di Luther. Andai poi a Sedunen, in cujus domo fu hieri sera fatto il Concilio sopra ciò, ne si puol manifestamente tirar da loro come si conclude, tamen ho per buona via che volemo che si extinguano li libri, et che eodem modo ci citi Martino ut interrogetur se ha scritto tali libri et se li vole defender, et in reliquis far come in mie altre hieri scrissi; me disse tandem che il mandato è ancora tantum in alemano et dimandandoli io come adunca havete consultata in ello, dice che se faceano dir la sua de clausula in clausula et che sopra ciò deliberavano, et tandem l'hanno dato questa mane a Spiegbel per lo far latino et comunicarcilo, separ le faranno, che mi dubito che prima concluderanno, che noi possiamo veder detto mandato; el confessor non fu chiamato a questa consultatione, quod est contra ordinationem Cesaris, et me dispicae, ne lui par di ciò essere contento et detto hoggi a meggio giorno venne qui da me et mi disse che io advertisse che questoro imbrattavano el foglio intricando una cosa con l'altra et che sotto pretexto di citar Martino non si farebbe ne l'uno ne l'altro, dissime ancora che mai vide tal confusione, che tutti tumultuavano, et cognoscane tanta ruina, ne se sanno resolver, anzi in un hora dice el confessor che trova ogni cosa conclusa et de li ad un 'hora minimo negotio omnia turbata; in tal modo sono le cose confuse, che se Dio solo non remedia, certo ingegno humano non li sa trovar ordine ne modo.

A due hore di giorno questa mane intrassimo in camera del Re più di due grosse hore, el qual era al conseglio suo di sopra, dove lui era stato per grande spatio di tempo. Interim dum expectabamus el Marchese Ioachino Elettor ci consiliava che per niente lassassimo venir Luther perchè sarebbe gran scandalo, perchè ben vedera lui l'animo et intendera li consilij di questi principi e popoli. Dio ci vogli gubernar in tanta ruina; poi desceso el Re abasso, el Nuncio et io gli parlamo, disse che pro pranzo sarebbe sopra questo, et repetendoli io li disordini che da doi mesi in qua erano cresciuti per queste tante consulte, disse che darebbe ordine, et che farebbe il suo possibile, ne mi parse però cosi ardito come per avanti, tuttavolta apud omnes inconfesso est che lui è desiderosissimo di extinguer questa cosa, quod credo, ma li suoi a chi lui si fida, no so per che cosa la producano tanto, se non perchè mi par habino più rispetti alli huomini che a Dio, et con questa desdita delli Ecclesiastici far meglio il fatto suo temporale.

Alli di passati vennero none a Cesar che nel suo paese et Artoiis et Isola di Fiandra sono stati discoperti et presi molti heretici, che teneno il vero Corpo di Christo non essere in Sacramento altaris, sed tantum in signum fieri, secondo l'opinione di Viclef, la qual quodammodo Martino par che approve involute tamen in questa ultima opera, qual mando per questo Corrier.

Ancora el Castellano di una fortezza de Mons. Chievreu ut ipse mihi retulit è cosi impaccito ne le cose di Luther, che facea pubblica professione, et però è stato detenuto.

In Antuverpia se imprimea Luther in ispanico, credo per sollecitudine di Marani che sono in Fiandra, et ne deven mandar in Ispania; Cesar ci ha detto haverei rimediato.

A Gand si predica per li Eremitani publice la dottrina di Luther come di san Paolo, imo in (sic) Christo.

Tragectensis, Monasterien et reliquae dioeceses inferioris Germaniae tutte sono putride di questo morbo, et Cesar ne ha aduiso.

In Hollando si predica pubblica la dottrina di Luther, il che tutte viene da Erasmo bollandino, et questi di Cesar tutti ben lo conoscono, et quasi aperte lo confessano.

Et li Saxoni passim publicano essere veridico Martino, perchè Erasmo tien da lui, et ballo detto el Nepote del Duca, el qual debbe desposar la Sorella di Cesar, et è molto più infetto in questo che il Chio (zio) come sa tutto il mondo.

El Duca Georgio olim tutto nostro hà fatto de male dimostrationi, et exempli qui in dieta contra noi, et aucora che pare ad alcuni che lo facci ad arte dandoci contra in qualche parte per poter meglio fauorirci in lo che più importa, nondimeno male è far danno da principio per remediare poi. El figliolo segue egregie el Padre: similiter el Duca Joanni figlio del Duca Saxone Elettor sequitur fratrem. El Marchese Joachim Elettor fratello del Maguntino, potens et opere et sermone è tutto nostro all' extremo, ad tale che quasi uene in la sala alla diffidatione del Saxone.

Imo per vero qui si dice che in Casa del Duca di Saxonia è una pittura dove Luther davanti et Hutten a tergo portano una cassa sopra la quale sono doi calici con inscriptione hac: arca verae fidei; avanti Erasmo è pento cum una chitara psallendo come David, et da retro sequita Joannes Hus el qual Luther scrive esser stà Santo come V. S. Rma vedrà in questo libro che io mando; in un' altraparte della pittura è pento il papa con li suoi Cardinali, cento dagli Alabardieri della guardia; la iscriptione di questa non ben me l' ha saputa dir quello che l' ha più uolte veduta.

Et a Roma si crede a lo che scrisse Erasmo contra di me et se li mandan Brevi, li quali Dio voglij non siino come quello che lui ha fatto imprimer in fronte Novi Testamenti, dove Nro Signore approba la sua opera, la qual circa materiam confessionis, indulgentiarum, excommunicationis, divortij, potestatis papae, et altre simili materie, lui ha scritto tutto quello che Luther ha preso, sed cum periculiosiore veneno, de quanto Luther per lo sue satyre et libelli famosi, minus est fide dignus, et se io lo scrivo costà, et ne advertisco subito, si dice che io lo fò, perchè ho avuto altre volte contentione cum Erasmo, quod nunquam fuit, una ben adesso gli sono nemico per causa del papa et della fede, et tamen si crede a lui, et non a me, sed de me nihil est; Dio voglia che quello Breve che se li manda in risposta de lo che ha scritto de me non sij prejudiciale a Nro Signore et la Santa Chiesa, perchè subito Erasmo lo farà imprimere, come la sua secta fa d'ogni cosa, che pare facci al proposito di Luther o falsa o vera che si sij subito la imprimeno, come si manderà per il primo certe bugie impresse in favor di Luther et a depressiou di Nro Signore et la parte orthodoxa.

Ma io non me dolgo tanto ne maraveglio che Erasmo et li Lutherani scrivino mal di me, sed quid dicam de nostris, che oggi ho udito esser viste lettere in questa terra de uno che de qui scrive, che io vivo in fasto et pompe, et che non curo se non il fatto mio, oh Dio! che fasto? che pompe? che io stò in miseria, squallore et situ, et non ho altre veste che quelle che già dieci anni me ho aquistato. Supplico V. S. Rma me perdoni se non posso tollerar che si difami l'onor mio.

Non me lamento di povertà ne demando premio, solum parcatur famae et honori meo, che mai lo patirò almeno di lamentarmene presertim quando credesse si desse fide a questi spioni, maledici, bugiardi, che troverò diecimille testimonj in opposito, li quali faranno fede delli miei pericoli, fatiche et necessità per li quali me hanno summa compassione, che dopoi sono nato, mai sono stato in tanta miseria et afflittione, neque obijcio profecto, sed iterum repeto, che cum falsità non detrahatur honori meo, che credo chel Diabolo instiga questoro expressamente accioche io crepi di dolor, o me amali più de lo che sono, o che me ritiri, et lassi del tutto questa impresa quo nihil esset gratius Lutheranis omnibus, il che mai farò fino che vedo che Nro Signor e V. S. Rma doni fede alle calunie false de questi maledici, alli quali Dio perdoni.

Cesar ha già scritto alla università di Vienna resposta che brusciano statim questi libri. Item ha concluso mandar un suo secretario in Fiandra a pigliar libri Lutherani et fautori, et piacemi perchè è un mio grande amico, huomo da ben, al qual ho date tutte le instruttioni et modi debiti, et se farà l'offitio, sarà cosa santissima, perchè tutto quello paese è infetto per seductione di Erasmo et complici più che tutti li luoghi di Germania, quod profecto non esset, se non fosse la causa che Jo dico. Quid enim Saxonibus cum Flandris, et questo è uerissimo, et più grandi giustificationi ne ho, le quali non posso scriuer al presente, ne mai ho hauuto inimicitie cum Erasmo, anzi per la sua dottrina l'amo di buon cuore, cosi Dio mi adiuti, sed magis amo ueritatem, fidem et Deum.

El Confessor mi ha detto che si trovò hoggi dove Cesar concluse in el Concilio secreto, et comandò che si mandasse subito uno in Anversa et al altri luoghi di Fiandra per far del tutto extirpar li libri di Luther, et pigliar li fautori, et far ogni absoluta provisione, il che sarà cosa sanctissima, pur che si facci il debito per li exequtori, perchè tutto quello paese per Erasmo et suoi fautori è sedutto et preso in questa heresia.

Vormatie ultima Februar. 1521.

11.

Rme...

Ancorchè pari el Cielo et la terra et presertim talla questa Germania in la causa a me commessa esser contrarij et che per farmi o retirar della impresa, o almeno intepidirmi, tuttavolta el diabolo mai harà tanto potere ch'io lassi l'impresa, almeno di quanto in me è, ben mi dole assai che allhora forsi se mi mandaranno le cose requisite da me et necessarie quando non si potrà più remediar, et certo cognosco, che la mia troppo diligentia et astutia che io usai poi l'aggiunger mio in Fiandra chel terzo di obtenni il mandato di Cesar, et statim fece abrusciar li libri di Luther et altri scritti famosi, ha nociuto assai a questa cosa et a me perchè li miei Signori di Roma son fatti tanto securi della cosa lutherana, pensando che per tal atto la fosse prorsus extinta, et questi popoli fossero christianissimi et devoti alla Sede Apostolica, che mai ci hanno dopoi mai più pensato, alioquin non credo che tanto tempo hauessero fatto così poca stima non di me ma di sè stessi, et dell' honor et comodo loro, anci della summa della Christianità et sede apostolica. Ma so V. S. Rma se degni sapere che nel principio tal industria usai con la gratia di Dio, che et Cesar et li Consiglieri prima videro il fuoco delli libri, che si pensassero havermi comesso il mandato, il quale tamen era stà già concesso, et ancora a Colonia vix aliquo ita cogitante fu fatta bella executione, et con grand' industria che Cesar esso proprio disse al Epo Leodicen. et molti altri Signori, che in vero io mi portaro molto vigorosamente, et che così se doven far, ma al presente che tutta la Germania è involta, et delle dieci parti di essa, le nove crida Luther, et la decima se non se cura l'editti di Luther, saltem creda la morte della Corte di Roma, et ognuno demanda et strida concilio, concilio et lo voleno in Germania, et quelli che più deverebbono far per noi imo per sè stessi, alcuni per timidità, alcuni per dispetto, altri per qualche suo disegno, invero che da Roma se ne deverebbe far qualche dimonstratione di farne stima, et havermi mandato la Bulla di mia Commissione cum potestate substituendi, et questi brevi adrizzati a chi ho già domandato et molti credentiali a Principi et a Episcopi, et 50 (?) di quelle bulle contra Luther acciò se ne presentassero a Epi et Prelati, et denari sì per mio viver, come per donar a secretarj et a shirri, li quali tutti ancorchè siino infensissimi alla Corte di Roma, tuttavolta con qualche danaro si farebbe saltar a nostro modo, quia aliter nihil fit, et vix faciemus aliquid, anci se più expectamo, in tal modo pigliano piedi questi Lutherani, che certo mi dubito che questoro haranno paura concedermi ne mandato ne executione contra loro, il quod jam fere concedere timent, ut ipsi dicunt, ne populus concitetur, et tutta volta altra via non è di metter freno, perchè li Germani ormai niente stimano, imo se rideno de excommunicationi, et li frati non audent vel nolunt in pulpitis predicare contra Lutherum, ad talche è stato scritto a Cesar et letto in el Concilio che una donna in Anversa affrontò in pergamo un frate et mostroli un libro di Luther in alemano, et disseli che in dispetto suo lo legerebbe; innumeri hanno cessato più confessarsi, et novellamente in questa terra post adventum Cesaris quidam Canonicus et Custos Ecclesiae Sancti Martini Vormatien. huomo prudente et honestissimo, hami detto di certo che un grande si è ito a confessar di peccato di luxuria con una donna, ne mai ha voluto specificar se vergine, se uxorata, se parente, et non volendolo absolver disse che era absoluto da Dio, et che sanctissimamente così insegnava Luther. De questri mostri ne saprei scriver le migliara, ma non voglio buttar via ne carta ne tempo.

Li Lutherani ogni dì piovono libri nuovi sì in alemano come in latino, et teneno qui un impressore, dove mai avanti fu tal mestiere, ne si vendono altri libri qui che de Luther etiam in aula Cesaris, che è cosa stupenda come sono uniti et trovano in cumulo denari, ne se li pote dar remedio fin che habbiamo li mandati expediti, al che ancorchè Cesar habbij in pleno consilio comandato, tuttavolta se impedisce la expeditione. Li fauori che sotto mano dà il Duca di Saxonia a Luthero, la rabia di tutti i Principi di Germania che cridano a Cesar contra di noi, le consulte in le quali invitis dentibus meis me hanno tandem gettato, et pur ancor el dirò, il defetto di denaro da unger le mani primo a qualche segretaico poi alli sbirri in exequirli pur ogni hora sono appresso, et acciò non se ne excusino per le altre occupationi, io medesimo ho composto le minute latine, le quali poi se hanno a far in alemano, poichè saranno comprobate per il Conseglio, al che me hanno duto fin qui diece consulte, et besogna congregar insieme Consilieri di tutte le nationi subiette a Cesar, che è una fatiga intollerabile ad adunirli et poi tandem quando sono d'accordo delli mandati referiscono al conselio, dove li novi consilieri se abatteno che non sijno stati al primo Conseglio, voleno ognun mostrar el perito et agiugner o demenuir et de novo se danno Commessarij, si che le consulte le quali sempre da principio bo fugito, mi vengono adosso, volij e non volij; adcedit ad id che li secretarij che hanno a mutar il mandato in alemano, sono Lutheranissimi, aut saltem inimici di Roma sopra modum che me stropiranno, et Dio sa come, et poi tandem che tutto sarà fatto, non ho danari da farlo imprimer et dar qualche cosa per forsi cento sigilli, che cosi dicono che se richieda.

Itaque quo me vertam nescio, et pur è cosi che mai fu vista tal confusione, ne ho speranza ne recorso alcuno a quelli che deverebbono far assai in questa cosa, perchè per la loro timidità se lasciano pigliar el proprio, non che defendino il nostro, et basta non posso più descoprirmi fino che io sto qui.

Accedit ad id, et aliud novum malum che quelli che vieneno di Roma divulgano passim che a Roma se ne rideno delle cose di Luther, et che non si fa stima alcuna. Il che in tal modo exacerba l'animo delli conselieri li quali hanno questa cura di expedirmi, che vorrebbono quodammodo non se obteniese niente in questa Dieta per veder in che stato restarebbero le cose nostre certe male post discessum Cesaris, se non fa demonstration avanti la dissolutione della Dieta, ma se fossero già un mese stati replicati li Brevi ad Cesarem et ad alios con molto miglior meggio se sarebbe potuto trattar tal cosa, et questoro vederebbeno che sicome dicono li, che vieneno da Roma, si ha forse restato scriver et far nuove instantie per non dar tanta reputatione alla cosa, et occasion a questoro di tenerci el piede del tutto sul collo, sed tamen est quaedam aurea mediocritas di evitar li doi estremi, et maxime perchè questa cosa è venuta già ad grand discrimen, ad tal chè questi di Cesar, dubitano non si poter più rimediar, tuttavolta non debbiamo lassar di far il possibile, et poi rimetter alla divina gratia; certo è che si fa quello che io pretendo, spero ne haveremo assai bon exito, purchè da Roma non si manchi.

Quantum in me est, Dio mi confondi se mai un minimo momento ho lassato di operar in questa cosa ne sano ne amalado, et in necessitade extrema, et se non ho scritto le cose cosi grandi come le sono, lo l'ho fatto piuttosto per attender a remediar al male, che per il mio scriver incorrer in suspitione, che io facesse il periculo grave per mostrar le mie fatiche esser maggiori et sperar maggior premij, al che certo mai principalmente ci pensai, ma solum come in questa cosa io possi servir a Dio et satisfare a Nro Signor ad honor di V. S. Rmo mio patron, et comodo della republica christiana.

Intendo per admonitione fatta al mio procurator costà dal R. Sig. Archiepo di Capua che Erasmo ha scritto a Roma querele di me, che io denigro la fama sua apud Principes, donde Nro Signore se n' è molto risentito. Me dispiace assai che se dij più fede a parole di Erasmo che ha scritto peggio di Luther contra la fede, che a me, che mi fo squartar per tal cosa, ma sappij V. S. Rma che Erasmo piglia l'avantagio come la moglie adultera, che ante tutto comincia reprender al marito. Jo sempre ho saputo che Erasmo erat fomes malorum et che lui subvertea la Fiandra et il tratto del Reno, tuttavolta semper dissimulai, et holo laudato, ne mai ho hauuto controversia seco ne disputatione, como par che vogli inver il S.' Archiepo, anci una volta albergamo insieme a Venetia, Erasmo et io in eodem cubiculo et cubili ben sei mesi quando io legea li morali di Plutarcho greci, et lui non si dedegnava interesse lectionibus meis quotidianis, et dopoi sempre siamo restati amici l'uno et l'altro, per il che me meravigliai assai che essendomi in Anversa, mai Erasmo si lassò trovar, ne manco mi venne a veder, il simil poi a Lovano; ben intendea da tutti che lui passim seduceva il mundo dicendo che la Bulla contra Luther era falsa, et non dal papa, et io a questo non dicea altro se nonchè mostrava l'orginal a chi me parlava de tal cosa o quando accadea alli atti solenni, ad tal che a Loanio li Dottori me dissero esser stà impresa tal opinion per Erasmo a tutti che questa Bulla era falsa, che quando la mostrai loro stavano attoniti et la volgevano su et giù come cosa ancor dubbia. Poi a Colonia dove fu trovato Erasmo la notte andar ad pervertir li Elettori et far el peggio che lui poteva, et pur vedendo che le cose nostre succedeano ben contra Luther, mi venne a parlar, et lo li feci più grandi carezze et honori ch' io potei, rememorando insieme el tempo passato, et tandem deventum fuit a questo che lui diceva haver inteso ch' io parlava mal di lui apud summates, et che intendeva proceder contra di lui et Reuchlin ad condemnationem librorum eorum. Resposi non haver tal commessione, anci ch' io era per pigliar la querela contra chi palesasse mal di lui, et che non sapeva se suoi libri fossero mali o buoni, perchè quello che lui ha scritto in sacris litteris non lo haueua letto, ne pensava lui hauer scritto malo alcuno contra Ritum Ecclesiae, et quivi sempre dissimulai dextramente et trouai alcune bugiette officiose, perchè non faceua a proposito della fede, ne de la mia commissione far altramente: ben li dissi che mi dispiacena per ancor et honor suo intender, che lui haueua divulgato la Bulla esser falsa o surreptitia, et li allegai testimonij quali lui non poteva negar. Respose esser vero, et per suo argumento disse haverlo fatto perchè non era tenuto a creder la Bulla esser uera, fino che l' havesse visto l' original, et io riflectendoli l' argumento risposi che anche lui doueu publicarla esser falsa fino che hauesse veduto l' originale, perchè questo era più grave error condannar la cosa che l' huomo non sa, ma da prudente era o de tacer, o piuttosto dir el meglio chel peggio, Ad hec per Deum erubuit et abmutuit, et io vedendolo confuso lo battai in riso insieme, et raggionassemo de altre cose, et alcuna volta io lo laudavo, che non haveva fatto come Luther, et confortavalo a scriver ea que edificarent, non dividerent Ecclesiam, come havera fatto Luther, anci di più dicendomi lui hauer di bisogno veder alcuni libri della libreria palatina, lo invitai a Roma promettendoli che sarebbe ben visto et trattato da Nro Signore et V. S. Rma, et così consumamo 5 o 6 hore del dì insieme, poi con una bona gratia di ambedoi, lui se parli li doi di seguenti; intendendo lui che si preparava per far l'atto solenne di libri di Luther, mandò a rechiedermi el colloquio. Jo che era impedito, scorrendo qua e la pregocilo che mi lasciasse expedir certa facenda, poi saressimo insieme, perchè lo sapeva, benchè lui suo voleva tener a bada, acciò scorresse el tempo che era brevissimo, et Cesar interim se partisse infecta re nostra.

Mai poi fatto l'incendio, mai più Erasmo comparse, et la Corte parti per Maguntia, ne altro poi è accaduto che io sappi, sicchè prego Nro Signore non credi ad Erasmo in questo più che a me, perchè così è et holo scritto così a lungo, acciocchè Sua Santita et V. S. Rma sapesse el tutto, et a corroboration di questo pol comprender V. S Rma el vero da mie proxime date lettere, nelle quali io scriveva, che ancorchè Erasmo fosse il gran fundamento di questa heresia, tuttavolta se devea dissimularla per adesso, et tamen tunc ignorabam id quod postea ex litteris procuratoris mei intellexi Erasmum ad Urbem talia scripsisse. Summa summarum supplico a Nro Signore et V. S. Rma che non credino che io sij si pazzo ch'io ne non vedi lo che bisogna dir et tacere, che hormai ne son assai, et pur troppo perito in questa materia, et so ben che non oportet simul concitare tot hostes, imo l'altro di che un villano portier del consiglio lutheranissimo me dette doi pugni nel petto a gran torto et che tutti qui aderant plurimi diceano ch'io ne doucessi far querela, mai l'ho voluto far per non guastar la lite principal dum prosequerer novam controversiam.

Alli di passati scrissi a V. S. Rma una parte delli insulti et ignominie che mi faceano questi ribaldi, et credo che non mi era creduto, però mando il testimonio loro in un libretto che è dato fuora, più acciochè la sij admisata del successo delle cose che per far fede a mie miserie; mille altre frasche ne manderei, ma non voglio cargar el Corrier, se non de cose che me pareno necessarie, come è questi articoli che questoro propoueno in la Dieta, li quali ancorchè sijno produtti comuni nomine, tuttavolta credo che sijno excogitati da alcuni per particolar sdegno, o comodo, perchè il rumor di tutti in la Dieta è di voler concilio, de desobedir a Roma, che insurger contra el clero, et a questo li più grandi danno animo et ne parlano in vultum Cesaris, el qual però sempre è costante al bene; mando ancor la Epistola di Luther ad Cesarem, la qual essendo presentata per Mons. di Cistein come procurator di Luther, pregando S. Mta li volesse far ragione, quella la lacerò come si vede et gettolla in terra, et è quella propria che fu una grande demonstratione a tutta questa Dieta qual stima dona Cesar alle cose di Luther.

Supplico V. S. Rma che poichè Nro Signore l'harrà vista, la si facci serrar in la cameretta secreta della Biblioteca palatina, se così a lei pare.

In questo medesimo giorno sono venuti fuora ancor doi libri di Luther in alemano et un libro con nome fento contra el papa, doue lo chiama Leonem non Leonem, con mille altre pazzie et altre quaternuccie che è una vergogna, ancora è dato fuora un libro in alemano contra Luther ad nobilitatem Germanie, che si dice essere ben fatto.

Alli dì passati in Augusta si vendea la imagine di Luther con la diadema di Santo, poi qui si ne ha veduto senza diadema con tanto concorso et così furono venduti, che io non ne potei comprar.

Hieri in un medesimo foglio viddi la imagine di Luther con un libro in mano, et la imagine di Hutten armata con la mano alla spada, et de sopra era in belle lettere = Chr." libertatis propugnatoribus: M. Luthero, Ulrico ab Huten, desotto un jetrastico a ciascheduno di bella sorte, ma quello di Hutten minacciava della sua spada. Un gentilhuomo ne mostrò tale imagine, ne se ne hanno più trovate altre. Vediamo a che è venuto il mondo, che questi Germani feruntur precipites ad adorare questi due ribaldi in vita et che vita come superba, come causa di tanto schisma; che non scriveno parola qual non sij contra la carità del proximo et la legge evangelica per scinder la tunica inconsutile di Nostro Signore Jesu Christo, in le mani di tali genti son condotto io. Mando ancora certi articoli qui circumferuntur di un advisamento ribaldo in la causa di Luther, et dicesi che sono di Erasmo fatti accicò che questi Principi in la deliberation sapijno in che modo deliberar per turbar il progresso nostro, et che Cesar si parte infecta re, tuttavolta se tenirà modo rumperli il disegno. Se io volesse mandar ogni cosa di queste ribalderie besognerebbe cargar un cariaggio.

Li assaissimi et grandissimi pericoli alli quali sto ogni hora esposto, non posso ne voglio raccontar, sì perchè sarebbe troppo lungo a scriver, sì etiam perchè non mi si crederebbe, ne manco si crederà mai finchè (quod abominor) io sij sta lapidato o tagliato a pezzi da questoro, li quali come me vedono andar per strada, non è un de lor che non metti la mano al manico della spada et extrengendo i denti mi dicon in alemano qualche blasphemia, minacciandomi la morte, et di questo ancor hieri mi diceva il Rmo Sedunen, che quando per la piazza avanti casa sua, li sui familiari hanno sempre osservato tali atti essermi fatti da tutti, ma io mi raccomando a Dio, che sel accadesse altro di me habbij misericordia dell'anima mia, et Nro Signore si degni darmi indulgenza plenaria et V. S. R. habbij raccomandato li miei fratelli et miei servitori qui etiam patiuntur mecum.

Supplico V. S. Rma si degni far dar ordine allo che si contiene nelle mie lettere alligate a queste, perchè assai importa sedar questi tumulti, li quali sono di sorte, che se el bon Cesar non dico se contrariasse, sed solum vel minimum conniveret, actum profecto esset de re hac, imo de obidientia universe Germanie erga Sedem apostolicam. Ma questoro vedendo Cesar far di boni atti contra le cose di Luther, pur alquanto se contieneno dal concetto furor, ne però tanto puol essere bon Cesar, ne tanto comandar che siamo expediti, che li ribaldi non ci stancheggino di sorte che potrei scriver un gran volume delle stranezze che ci usano, chi per una via chi per un' altra, chi aperti et chi sub pretextu boni, sed non possum tute omnia scribere; felix virat et valeat Sanctissimus D. N. et R D. V.™ quorum pedes manusque deosculor.

Vormatie — Febraro.

12.

Rme...

Jo ho lecto al Doctor Capitone el Capitolo de lettere de V. S. Rma et la buona speranza che li dona; supplico si mandi ad executione perchè questui è uno de' grandi Capitanei de li accademici nostri nemici, ancorchè occulto per rispetto del Moguntino con el qual lui sta. Et questo bon homo del Cardinale non lo vuole credere, anci per lassarse aggabar da Lui commette di molti errori, ne mi giova che io ge l'habbi detto e mostrato, che non lo vuol credere. Donde siamo sforzati pigliar detto Capitone per un' altro verso, et quello che vorrei fosse stato usato da principio, che hora non è tempo, veder d'acquistarlo con qualche gratia da Roma et presertim con questa prepositura di là, qual haveudo la gratia non me dubito non lo siamo per haver se non del tutto per noi, almeno manco nocivo alla Causa Catolica se non fusse peraltro che per suo interesse per conservar detta prepositura, essendo i Luterani destruttori de ogni sorta de benefitij ecclesiastici; ipse multa potest per hauer già cosi infinocchiato Moguntino e per esser Predicator ordinario della Chiesa Moguntina et precettor de quasi tutti de questi Theologi, Preti, Predicatori che regnano al presente in le principali Chiese di Germania.

Molto ha giovato che V. S. Rma in sue lettere ultime habbi fatto due o tre volte mentione del confessor, el quale per molti giorni prima pareva refredito in la cosa nostra, la causa non scrivo per questa per eser alquanto prolissa, hora al presente lettoli li capitoli de lettere di V. S. Rma, se ha tutto reconfermato per noi; però supplico che in ogni sua lettera ne faci qualche mentione, che più giova mille volte che un breue comune; scio quad dico, novi istum hominem, e sapij V. S. Rma chel confessor a mauteuer Cesar qui solus bonus est, puol assai, imo fere omnia et presertim in re Lutherana in qua Cesar cosi farà come li sarà mautenuta la coscienza, la qual di sua matura me pare che abbi melior che uomo che mai vidi.

Resto che io responda a quella parte che V. S. Rma in tutte sue lettere, che usiamo ogni fede et diligentia, et siamo sempre conjuncti et concordi il S." Protonotario Carazzoli et io. Qua in re suplico che N. S. et V. S. Rma stiino de bono animo quantum ad hoc che corto de la fede et studio non ne saperessimo metter più, et di esser unanimi in tal modo, fin qui abbiamo negoziato, ita in hac re unum sensimus, unum studuimus, et nihil potuerit esse nobis conjunctim (?). Oimé sarebbe adesso tempo che noi fussimo discordi in tanta rarum omnium perturbatione contra tanti et si aspri nemici de li nostri patroni, de l' honor, de la patria et de la sede romana foudamento de la nostra santa fede, non vogli Dio che tal inconveniente accada, ne supplichi (supponghi?) però V. S. Rma mai eser stati discordi per quello che io scripsi eser sta fatto error in nominar solum Lui in alcuni di quelli Brevi credenziali ultimamente

aripti circa la materia de la fede, che credo il segretario non pensò altramente per inadvertentia, del che il detto Sig. Prothonotario fu più malcontento che Io, perchè como prudentissimo et in loco cognoscea non giovar alla cosa nostra, presertim in re fidei, la qual principalmente è commessa me, et per questa causa specialmente son sta mandato, et a me tocca parlar, disputar, proponer, persuader, privatim et publice, coram universo Imperio in unum congregato vel etiam coram singulis ordinibus vel Principibus Imperij seorsum, come fin hora sempre ho fatto, comunicando tuttavia il tutto con detto Protonotario, il quale ancora mai manca quando il richiedo trovarsi ancor Lui presente al negotiar, et Lui vicissim de la cosa de la sua principal commissione amorevolmente partecipa con meco, ne mai fin qui è stato commesso un minimo error, ne fatto por un segno di dissidio o simultà alcuna tra noi, et perchè V. S. Rma già in queste due ultime si degna a farne excusation ancorchè non bisognasse che mio Signor si humiliasse a si vil cosa verso il suo servo, dubitandomi, che quella non habbia pigliato umbra da mie lettere che per ambitio io me habbi lamentato, et non per la necessità de la cosa, supplicandola flexis genibus la se degni conoscere una parte della mia justification et intender medullitus il stato della cosa come è, baso humilmente le sacre mani di V. S. Rma.
Vormatie.

13.

Rme...

Che V. S. R. ricevi le mie lettere di molto diuersa data per un med.° Corriere l' ha fatto il Mastro di poste, che già sei giorni fece pressa a tutti che se haueua a partir un Cauallaro, et tutta uolta ha indugiato fino al presente giorno, nel quale perchè Palenza ci ha detto omnino uoler expedir però ho uoluto scriuer a V. S. R., che non obstant, che tutti questi di siamo stati con Cesar, con Chieures, et altri del Conseglio, et che ci sia stato promesso di far el debito loro come si richiede, et sempre hanno continuato di prometter tutta uolta non ho ardir ma più scriuer alcuna cosa resolutamente attento, che già dal aggiunger mio in Vormatia, che sono tre mesi passati con tante mie dispute, instruttioni, intercessioni, fatiche, hanno preso mille conclusioni, et da un hora all' altra sono state impedite, che è la più gran uergogna del mundo, ne in questo ne habbiamo a lamentar di Cesar che sempre è stato di bono animo, ma solo del suo conseglio, dal quale alcuni per uno respetto, altri per un altro, in tal modo hanno condotto la cosa, che non so più, che ne debbiamo dire, o sperare di loro, ne me dolerei tanto, se questo solum prouenesse, per esser loro sempre così luughi in loro conclusioni, benchè in causa fidei omnis mora tollenda est, quanto, che da poi prese tante ottime conclusioni, che non mancaua senon exequir lo che haueua concluso, subito si sono mutati, et trouasi nouo impedimento, et quello che uno haueua oggi detto nel Conseglio, trouamo, che l' di seguente dicena de diretto l'opposito: anzi sono intra loro di diuersissimo juditio, perchè Chieures ci ha detto da molti di in qua, che per hauer meglior exequutione et obedientia besognaua hauer el conseglio, et assenso di Principi, il che ben è uero, se li Principi sentissero con Cesare, et non fossero cosi increduliti contra di uoi. Contra autem el Cancelliere sempre ei dice, che è imposibile metter fin a questa cosa senza Concilio, et che fata obstant, et certi prouerbij de constellationi che lui sole plus equo hauer alle mani, ad hec, lo che Jo respondi non bisogna repeter, perchè non manco far el debito, ne mai loro in tutte queste consulte - hanno allegato motivo, che Jo non habbi dissolto con evidentissime raggioni, le quali odeno, et acetano (sic), ma in conclusion fanno a lor modo. Et ancor che per li articoli impiissimi, che Jo lor ho mostrato extratti dalli libri de Luther, et per infiniti exempij quasi ogni di si uede seguir da questa heresia conoschino, e confessino, che Jo dichi il uero, et che si deue far ogni cosa, tamen dicono, che bisogno per il melio temporeggiar, et neder di metter fine a tali inconuenienti per uia paccata, et consenso di tutti, il che sarebbe optimo se pur non si lassassero aggabbar da questi Alemani, li quali uon cercano, senonchè la dieta se finisca re infecta. Quello mi fa star stupefacto che 'l Conseglio di Alemagna di Cesar, il qual sà meglio il modo de proceder in questo, che non el Cancellier, et li altri del conseglio secreto hanno dichiarato a Cesare, che la sua M. senza altra consultatione di Principi pote, et deue proceder ad la exequtione della bulla. Nondimeno el Conseglio secreto doue sono nostri Italiani, et de Borgogna, l'hanno uoluto inviisis (sic) et reclamantibus nobis metter in mano della Dieta uniuersale.

Quà si diuulga per lettere di diuersi da Roma, che si ha agitato in Concistoro già più uolte di mandar un Cardinale legato de latere qui per questa materia, et già questi Alemani non dessiderano altro non già per amor, che loro ne portino, ma per extorquer noui concordati, non come li antiqui fatti cum el Cardinale S. Angeli, ma secondo quella instruttione, la qual Jo mandai alli di passati, ne mai darebbono fine alla cosa di Luther per con questo meggio constrenger quodammodo S. D. N. all' loro uoler, però meo inutili consilio, et per l'amor di Dio non se parli de Cardinale Legato, che non fù mai peggio pensato per molte cause, che V. S. R. pote comprendere, perchè per dar autorità alla cosa sappi quella che questoro sono cosi impacciti, che fanno peggio, che poteno quanto più grande è chi da Roma uien, presertim per nome del Papa.

De mandar alcun altro non Cardinale sel si fa perchè l'usi più fede, et deligentia, che sij sta fin qui per me usata, et usarsi, certo per tal causa non besogna, et di ciò non ne uoglio altro testimonio, che di tanti Italiani, et Spagnoli, che se trouano in questa Dieta, dirò pur anche di essi stessi Alemani etiam aduersarij, li quali pur troppo si lamentano della mia fede, et diligentia uedendo l'effetto delle buone operationi per me fatte fin da principio, et quella che per ogni bona coniectura si può indicar, che Jo sij per ottener auanti, che Jo parti o se resolui la dieta, siche quanto a io (sic) S. S., et V. S. R. ne stijno de bon animo, et non manchino de mandar le prouisioni debite, quali recercano, che spero, o che tandem hauemo l'intento, o manifestamente si conoscerà per il mundo non esser mancato ne da S. S., ne da ministri suoi far il debito. Baso humilmente etc.

Vormatie...

14.

Rme...

Quum propter Imperialem Dietam non possim nunc pātiar me ad ista uestra loca conferre, ea propter mitto latorem pñtium qui S.ᵘˢ D. R. Bullam contra Martinum Lutherum et ejus sequaces publicatam Rme D. V. vel ejus officiali seu vicario offerat, et presentet, petatque et requirat ut praedicta bulla una cum mandato impressione sigilli mei parvi munito in civitate et dioc. vestra exequtioni debite demandetur, quod ut Rma D. V. faciat S.ᵘˢ D. N. jussu peto, requiro et sub censuris in bulla apostolica contentis injungo, meo vero nomine oro et supplico ut possim eidem S.ᵘˢ D. N. et Sedi Apostolicae observantie, et debite executionis vestre fidem facere. Bene valeat R. D. V. cui me offero et commendo.

Vormatie ex dieta Imperiali XIII Martij MDXXI.

15.

Illme..

Siamo uenuti a mali tempi, che noh si fà più stima di Dio, ne del suo uero Vicario et ognuno si fà la conscientia come uole, et sel accad: che li loro Padri spirituali donino animo, che non temino cosi rigidamente le censure, come uedo quasi farsi al presente, non extimano alcuna cosa, lo che deuerebbono existimar. Scio quod dico, et uidi jam a paucis diebus atque utinam non uidissem, sed non possum neque ausim omnia scribere, solum supplico S. S., 'che almeno sinche assettamo questa cosa di Martino, si trattino le cose di costà in gran respetto di non irritar questoro Cesar dico, et li suoi, et ancora tutta la nation Germanica.

Jo uedendo la cosa di Martino tra questi Principi et populi, che sono in la Dieta esser molto rimessa più, et certo comprendo l'id, quod multi mihi dixerunt, che la demonstratione, quale Jo feci loro el di di cenere ha molto giouato, quod vix credidissem, et hoc prouenit, perchè questi nobili et Principi haneuano solum letto le maldicentie di Luther, contra al Papa, et Clero, et non li libri de Sacramenti, et doue lui approba tutti li articoli de Jo: Huss: Il che postquam ostendi in frequentissimo conuentu productis et lectis ipsius libris, multi imo assaissimi Principi ceperunt hominem abominari, et se non fosse l'odio, che hanno contra Roma, già crederei la cosa sopita, in tal modo già dieci giorni uego non discoprir più tanto quelle rabie. Dio uogli, che ogni di miglior sucesso ne uediamo. Id: aut: spero fare, modo ne ipsi ob aliquas latentes causas nos fallant, il che animosamente se inducano a far ex quo sunt persuasi etiam dimentiendo a Pontifices potersi esser buoni Christiani, et la fede catholica consister quod tandem falsissima est.

La lettera del Saluo condotto di Martino hoia ueduta questa mane segnata dalla mano di Cesar, non si sollicita senon la lettera del Duca Saxone, credo che domane o dominica alla più longa el corier se partirà, et sarà doue Martino ha termine XVI giorni di esser qui in Vormes, che sarà la seconda festa di Pascha. Dio uogli, che la sua uenuta sia ad pacem, et tranquillitatem Ecclesiae.

Certo lo che è fatto inuitis nobis, et contra le promesse fatteci più uolte da questoro, ma patientia, V. S. R. faccia far costà qualche bone orationi, ad acciochè Dio ci poughi la mano, perchè qui non ualeno dispute contra chi negu li autori sacri, ne manco è stato ordinato, o sarebbe conducibile, che se disputasse le cose della fede presertim coram judicibus iniquis, et incompetentibus, non preeunte autoritate Pontificis. Jo tutta uolta non obstante questo sono in ordine si per hauer benissimo alle mani tutti i scritti di Luther, et de suoi complici, come per hauer diligentemente letto Concilij, scrittori antichi, et moderni, che facino al proposito di questa cosa, per renderne bon conto, et persuader a questi Principi non già per speranza si habbi a conuertir un obstinato heretico, ma per demonstrar euidentemente le enormissime, et paccissime heresie, et coutradictorij, che scriue questo ribaldo, et per ueder di reuocar a reprobo sensu questi popoli, li quali per odio che hanno contra Roma non cernere uerum, ut de illij merito dixerit Profeta, oculos habent, et non videbunt.

Il mandato Alemanico di pigliar li libri et arestarli ad instantiam Cesaris lunedì prossima sarà fornito de imprimare, et si mandarà por li Corrieri di S. M. per tutta Germania, delli successi darò aduiso: V. S. R. sij certissima, che mai si ha mancato. ne mancarà far per noi l'ultimo di potentia, et quello è fatto se non è del tutto al nostro modo, non si ha potuto far altro prorsus penitus, et omnino hanno ualute nostre instruttioni tanto euidenti, ne carezze di bone parole, ne manco l'hauer parlato arditamente, doue è stato bisogno, le quali tutte uie hanno ben ualuto a indur loro a mille bone conclusioni, et promesse, come noi demandauamo, ma li effetti son stati finqui, come a V. S. R. già tante fiate ho uerissimamente scritto alla qual baso le mani hum.

Vormatie (März).

16.

Rme...

Mando el mandato di Cesare autenticato et traslato ud verbum, el qual se non è come el douer richiedeva, et uoi havemo domandato, et loro tante fiate promesso, cioè absolutamente far abruciar li libri et proceder contra la persona di Martino, pur ha in se qualche cosa che non è del tutto mala, come presertim dove si fa mentione del decreto ordinato in la Dieta universale di voler seguir et adherere ritibus et legibus actenus observatis, et qualche altri luoghi, come appare un bello mandato havevano apparecchiato in lingua latina secundo l'animo nostro et era stà confirmato per li deputati dati dieci fiate, ma dopoi che lo proposero in la Dieta hanno alquanto uoluto compiacer al Duca Saxone, ne però hanno in tutto fatto lo che lui voleva, donde se ne trova molto aggravato et mal contento, spero che li advenirà ancor peggio, nisi redeat ad cnor (?).

Li Lutherani havevano già portato dalla fiera di Francford da novo più di tre grandi cariaggi di libri cosi primi come alcuni novi, ma subito hanno sgombrato et sono restati molto attoniti purchè per questa tardità di questoro loro credevano o saltem divulgavano de creder che Cesar era per loro Luther ne senza qualche verisimile conjettura vedendo tanta tardità adesso bassano le corna, ma per sostenir il popolo, parte dicono il mandato essere sureptitio, parte che si fa torto a Martino che sij sta publicato antequam audiretur, et mille simile baje et commenti, de quali questoro ne sono pienissimi.

Luther ha dato sopra il commento sopra tredici primi psalmi di David impresso in Basilea con un' epistola in fronte di uno de Scomemberg, homo come lui dice nuovo, et non nobile, ma piena di crudel veneno contra Roma, contra la qual concita la Germania cui nuncupat Epistolam; poco ho possuto legger nel libro, perchè jeri sera me fu apportato da Francford.

Luther come è sempre incostante et contraditorio in la prefation lauda N. S. poi altrove deprime il papato et in eodem fere loco laudat et vituperat; se sarà tanto longo nel resto sarà un librazzo grandissimo pieno di bezzarie.

Sarebbe buono che per via de capi de Svizzeri se prohibisse tale impression in Basilea, perchè li Episcopi in queste terre di Germania non hanno autorità presertim doue li popoli se gubernano per plebiscito.

Noi attenderemo a far il resto, se costui non viene, farassi tutto lo che parerà al proposito, ne si dubiti V. S. Rma se sij per mancar; spero qualche buon exito, se questoro impudentemente non c' ingannano.

Le dimostrationi che fa V. S. Rma in sue lettere ho le lette volentieri et con la debita reverentia sono ottime et fatte per noi cento volte per avanti, et molte altre che non posso scriver, che dourebbero far risentir li saxi, sed canimus fabulam surdis, loro dicono per più expediente esser stato che bisogna far cosi; altramente irritum laborem fore, vederemo lo che sarà.

Molti dicono, Martino non esser per venir, li Cesariani, quali come già scrissi havevano scritto di sorte che parea che desiderassero el venir de Luther, tengono per fermo chel venirà; hieri et hoggi ho un poco atteso a Dio et alla conscientia, se però son ito in Corte, ne ho inteso altro da novo; tutti li Principi curant animum.

La copia della Lettera Cesarea scritta a Martino non la ho ancor possuta recuperar, però non la mando; so ben che li scriveno una buona lettera, et li danno li honorabili titoli, ut alias scripsi.

Suplico a V. S. Rma, la se degni ordinar che le provisioni per me altre volte ricercate se habbijno più presto è possibile, tanto che dura questa Dieta, perchè bisogna farsi amici questoro, quia nunc est tempus, aut nunquam et loro nullo rubore come me veggono, me ne instano.

A V. S. Rma baso le mani, et humilmente me raccomando.

Vormatie die 29. Martij 1521.

17.

Rme...

Poichè pur ha piacciuto così a Cesare per conseglio de suoi, et compiacer a questi Principi, et per pacification di popoli, come loro dicono, mandar a chiamar Martino, et per publico mandato far sequestrar tutti li libri del detto ad instantia di S. M. finche altro comandi, ho mi sforzato almeno far, chel maudato sij di bona sorte, et al proposito della sede Ap. seruato sempre l'honor, et autorità di N. S., et in questo M. Nicolò Sichler secretario di lengua Germanica molto ben ha seruito, ad tal che Jo spero, che se non ci uoleno aggabar expressamente, et far contra la conclusion della dieta, et el tenor del mandato, mettereno fine a questa ribalda heresia, et sarà molto meglio, che si habbi fatto così, che simpliciter solus Cesar hauesse comandato tal exequtione, dummodo, ut dixi, non ci trattino in questo come hactenus, che dopo prese mille bone conclusioni sempre hanno fatto il contrario. Il che però dubitaua non facessero per tenir N. S. appresso con questo scato di Martin Luthero per qualche altra causa: al presente non ne dubito più, et son certo, perchè hiersera essendo ito Cesar a solazzo appresso le mura della terra a pronar essi stesso un paro di canalli mandatili a donar dal Marchese di Mantona, Jo per sollecitar la expedition del mandato seguitai per parlar a Chienres, el qual sempre per sua gratia, et qualche particular causa, che habiamo insieme circa l'intertenimento di Mons. di Liege, et di suo paese, me uede, et parla uolentieri, et così andamo ragionando un bono spacio insieme, doue io lo exortaua a tenir la mano alla oppretion (sic), et intention di questa abominenol heresia, il che sarebbe a grand exaltation del suo Cesar, et reuera è non meno grand suo honore, perchè el tutto al fin se inferisce a lui: mi disse post multa fate, chel Papa facci el suo deuer, et uadi dreto con noi che noi faremo tutto quello che sua Sta uorrà, et dopoi anche molte parole mi replicò, dite pur, chel uestro Papa non uadi brogliando le cose nostre, che S. S. hauerà tutto lo che saprà da noi demandar, altramente se li mouerà tale intrico, che harà ben a far a districarsi, et altre parole di simile sententia assai familiarmente, et priuatamente, doue comprehendo, che da qualche mese in qua presertim doppo che Cesar parlò al Duca di Saxone a Cologna sempre lor habbino fatto concetto di seruirsi delle cose di Martino. Item alli di passati hanno scritto ad Hutten qualche cosa per la quale lui dopoi sempre ha taciuto, ne si sente più di lui come prima: et tengo certissimo, che loro non gli hanno imposto simpliciter silentio, ma solum detto, che lui taccia fin a tempo, che li manderanno, perchè ho per bona uia, che già molti di loro haneuano deliberato dar partito ad Hutten, et hauerlo alli loro seruitij, et così fu ardinato nel consiglio, et dicono per tale uia farlo tacer, perchè non è così facile, o senza gran tumulto punir un gentilhomo in Germania, maxime che habbi grande complicità come Hutten, el qual etiam è coniurato con Francesco Sichingben, et poi impugna la causa della Chiesa, quo nihil gratius audire est apud Germanos, potria ben anche esser, che lo fanno a bon fine per tenir pacificata la Germania dal che S. M. non potria partir senon disconso. Jo alle parole del detto Chieures non sapendo particularmente quid nellet innuere, le risposi cose generali, che me pareuano far al proposito, non potei però far di non responder audacemente quanto a quella parola uestro Papa, che se erano Christiani, il Papa cosi ben suo era come nostro, et che guardassero ben in questa sua grandezza di non irritar Dio, qui aufert spiritum Principum, et non esser il doner confonder la fede priuati, et temporali affetti: me disse, che per questo non erano loro per perdere la fede di Christo, et che deuesse ben aduertir allo che me diceua. Al fin sorridendo disse, che appresso di se lui non estimaua cosa tanto difficile metter silentio al fatto di Luther, al che Jo resposi, che se non asauano diligentia di bona sorte nederebbono di breue un tal incendio, il qual non estingueria tutta l'acqua del suo mar di Fiandra.

18.

Rme...

Jo ho assai stretto famigliarità con questi più intimi di Cesare, però aduiene, che per esser loro frequenti qui con Liege, col qual ancor Jo spesso me retrouo, Jo intendo inter dapes delle cose, che non cosi per tutto si diceno secondo il prouerbio, che la tauola e un grand tormento, et poi per hauer lengua loro, et habitato in quei paesi di Fiandra con molta notitia, et famigliarità di molti, et di più grandi non si sodisfano cosi da me, el qual tiene come per suo, io non scio se pecco o presumo troppo, pur per la mia fidel seruitù uerso N. S. et V. S. R. non lassarò di dirle, che questoro non solo con segni, ma quasi apertamente se lassano intender, S. D. N. totum stare a Gallis, et hanno sospitione grande sopra questi Svizzeri, et questa mattina uno di più grandi disse che l' Ambasciator Cesareo in Franza haueua scritto di là: El Rè Christianissimo hauerse gloriato, che sei milla Sguizzari i quali sono al soldo di N. S. erano pagati da se et al suo comando per le cose di Napoli. In tal modo alcuna uolta questi gran Principi se lassano uscir qualche parola o per poca prudentia, o per gloriarsi, et metter paura all' aduersario, o per qualche altre arte. Jo resposi, che non credea, che l' Rè di Franza hauesse detto tal parole, et se pur l'haueua dette, forse el faceua acciochè Cesar per tal suspitione non facesse el deuer a N. S. in la cosa di Luther, o altramente, donde S. S. fosse ragioneuolmente costretta a fauoreggiar li Francesi, ma che inuero Jo non credeua esser uero delle parole, che lui diceua del Re di Franza, et allegaili alcune raggioni, et cause, per le quali meritamente N. S. era stato indotto a condur li Sguizzari. Un altro di grandissimi spesso mi dice latine: Pontificem gallissare, et che però Cesar non lassarà fare il deuer suo, pur che l' non sij troppo oltragiato, maxime per tectos dolos.

Hoggi Cesar disse chel S.⁶⁴ mai haue = Imperator o Principe più ubediente figliolo che lui, pur che S. S. non li facci torto. Haec omnia eo tendunt, non per dar conseglio a S. S, ne a V. S. R., ma per il debito di mia seruitù. Supplico piglino in bona parte le mie parole, come dice Cato, Puerorum nutricula utile consilium, Dne. ne despico serui, racordo adunca reuerentemente Su S. habbi cura in questi noui tumulti non dispiacer a questo Principe. Il che però ancorchè io sij certo, che farà, tamen perchè noi altri nedemo qui più cose di questo Cesar, che li di Roma non sono persuasi, io ne do adviso, et dico che me dubito che quidquid agant alli questui, et per sua bontà, et prudentia, et animosità, et per una constantissima buona fortuna sarà tandem vincitor, et come già ho scritto, ogni di più si verifica per molti exempi che lui non facile obliviscitur iniuriarum, et non si cura di voluptà o piacer alcuno, se non esser continuo intento in suoi consegli, che è una cosa incredibile, di sue virtù, et resposte prudentissime hormai ne potrei implir un gran libro, et spero che alcuna volta ne referirò a bocca, et se non sarà molesto a V. S. R udir le verità d'altri essendo essa tutta piena di virtù.

Mando doi exemplari della censura di Paris, li quali ho fatto qui imprimer per gran rechiesta di Alemani, et invero è prudentemente fatto tal censura, uno solo hanno fatto male, che de primatu pontificis non han fatto mentione alcuna, la qual cosa, meo minimo judicio, e più facile a — .... ¹) ex divinis litteris che molte altre cose, che sono in la Chiesa tenute certissime. Intendo che li Parisini dicono hauer pretermesso questo punto, ne videretur in gratiam Pontificis, aut ab eo subornati id fecisse, et però la loro censura sarebbe sospetta: Jo tutta volta me dubito, che hanno lassato per la causa antica della scola parisina super Pontifice, et Concilio Quidquid sit, spero passando per Franza, nam per Germaniam non est tutum, trattar alcuna cosa con detti dottori Parisini, acciochè ancor loro seguitino l'ordine delle altre scole, et se potrò, che ne faciuo un altro trattato, perchè sono qui in Germania di gran nome appresso tutti, ancorchè li Lutherani dopoi data fuora questa censura se ne bertizano ore, et risu, sed corde disrumpuntur, et tanto più perchè Luther auanti detta censura protestò più fiate voler star del tutto al judicio di quella università, a V. S. R. humilm. bascio le mani.

19.

Rme ...
Dopo la publication dell' Edicto Cesareo che mandai a V. S. Rma per il proximo, molto pare che si sijno acquietati li popoli, ma discoperti li grandi fautori Lutherani, li quali per questa publicatione hanno di tal sorte manifestato il concetto veleno, non per causa di Luther, benchè de lui se ne hanno fatto scudo con el populazzo, ma de occupar li beni Ecclesiastici, che tutti dubitamo sij per venir un tal scandalo, al qual solo Iddio possi rimediare, et credo che se l'Editto havesse contenuto che de presente si abrusciassero li libri di Luther et del tutto fossero annichilati, era perciolo che nulla habita Cesaris ratione qui hic est inermis, havessero fatto impeto in questa città intus et foris observanda Lutherani, et cominciato già a menar le mani.

Hor la cosa così passa: questo ribaldo di Hutton advisato di quello che noi procuravamo lo editto imperiale con tante consulte et diete, si ha contenuto di mandar fuora alcuna cosa perchè lui sempre sperava che per la grande autorità del Duca Saxone et suoi complici non se potesse ottener, ma non lassava però de apparechiar li suoi tossichi, li quali, poi l'editto publicato ha sparso per tutto, et ha scritto una lettera bestiale a

---

1) So im Manuscript.

Cesare, della quale non si ha possuto ancora haver copia, ma quanto si puol puoi intendere di fuor via, lui scrive meravigliarsi che Cesare si ha lassato sedurre da doi Oratorcoli del Papa, utitur non his verbis, a voler opprimer questo santo huomo di Luther, et destrugger sue buone dottrine, ma che non se pensa S. Maestà che sij editto alcuno de Imperatore che più possi che la divina verità, et altre cose de simil farina: una altra lettera ha scritto più piacevole a Maguntino, lodandolo di bontà, et che lui l'ha sempre tenuto per suo Padron, ma ben li dole che sia conjuncto con questi altri preti ribaldi contra Luther, et quelli che voleno difender la libertà christiana, et in fine della Epistola li dice che li perdoni se, non volendo detto Moguntino retirarsi da tale impresa, lui sarà costretto far più stima della natione sua et della verità Evangelica che di esso Cardinale. Terza lettera è a tutti i Cardinali, Episcopi, Prelati et Preti in Vormatia al presente congregati, li quali voglino contrastar a Martino et a questa loro santa impresa; questa è longa di forsi sei folij di papyro, et qui tutte le enormità et vitij che si possono excogitar al mundo le racconta esser in detti Cardinali et altri soprascritti con tanto veleno che sarebbe per intoxicar el mondo; et ha fatto dette lettere con gran studio tutta questa invernata; ne è solo farina di Hutten, ma di molti li quali sono seco, et presertim di un frate dell' Ordine di Santo Dominico del qual dirò di sotto. In quella lettera verbosissima diffida tutti li soprascritti a guerra mortale.

Di queste tre lettere non scrivo più particolarità perchè non si è possuto ben intendere tutte, sono certo che de breue saranno impresse et publicate et mandaransi; ma invero questa è la substantia.

Della questa lettera scritta a me in qua indicit mihi bellum et necem, mando la copia. Cesar ha voluto ch' io translatassi detta lettera in francese, quod feci, et halla veduta; et noi fatto le querele debite a Sua Maestà et al conseglio, significandoli questa esser la più inaudita cosa che mai fosse fatta al mundo, che contra Jus gentium li Ambasciatori non di un Pontefice, ma del minimo Principe del mondo, sijno disfidati della vita essendo in Corte di un' altro qualunque Principe, nonchè di un Carlo tale Cesar et Rè, perciò demandamo ci facessero securi, perchè a questa diffidation di Allemagna è pericolo che non ci venghino ammazzar qui in la Città o in strada o in casa, perchè così è la loro consuetudine che pensano jure licere quocumque interimere hominem, cui denunciatum fuerit bellum, et questo sarebbe facile qui, che uno o doi o dieci subornati da Hutten et la sua conjuratione qui per la Città ci ammazzassero, quod Deus ita facile auertat, ut facillimum esset per li del Duca Saxone et altri inimici adversarij che sono in questa Dieta.

Cesar et li suoi sono restati molto attoniti di questa cosa, si per la indegnità et enormità di essa, come per non saper come remediar, perchè essendo il dover che andassero armata manu a pigliar questo ribaldo, non hanno nè gente ne il modo, ne el tempo, però statim pensarono mandarci Armestorff grande amico di Hutten et insieme el confessor. Ma referito questo al Consiglio Cesareo di Germania, fu detto che era una vergogna mandarci alcuno mediatore, et che non erat ex dignitate Imperatoris, come è il vero, domandassemo noi se loro erano in ordine per mandarci gente d'armi;

allora restorono muti, et tamen non sapendo trovar altro remedio hanno mandato hoggi il confessor et Armestorff a Ebernbourgh Castello di Francesco Sichingheu dove è Hutten et voleno che Armestorff dica che è ito là non da parte di Cesar, ma per se medesimo a consigliarlo et fenger menar seco el confessor, perchè dice che l' altra volta chel detto Armestorff andi a trovar Hutten, come alias scripsi, quel ribaldo li allegava razoni della sacra scrittura che bisognava castigar li preti, et Armestorff non li sapeva responder. Però ha ben voluto menar el confessor, ma revera Armestorff ha commission di prometterli salario all' anno di CCCC fiorini d'oro che sij ad stipendj di Cesar, per farlo tacer in futurum, et corregger el pto. o imprudenti che sono stati troppo a advederni di dar remedio a questa cosa, et che non voleano creder, quando noi dicevamo loro che davano troppa authorità a questi Thedeschi et che si trovarebbeno aggabbati in questa cosa di Luther, et iu le altre, alle quali li Cesariani speravano indur questa natione.

Che credeno che quello cervello di Hutten si vogli al presente mutar per CCCC fiorini all' anno, el qual non ne pigliarebbe quattromila. Jam concepit sibi immutationem totius Germanie, jam dominium in clerum, jam inanem quandam gloram magni herois, et peggio è che questi Prelati per la vita loro tale quale lo temeno non men per causa del stilo che delle arme, et li gentilhomini suoi complici lo adorano, et ha fautori chel fa far tutte queste cose.

Primo il Duca Saxone Elettore il quale absente Cesare resterà locotenente dell' Imperio in tutta Germania di là dal Reno, el Pallatino Elettore locotenente de quà dal Reno verso la Gallia non gli sarà contrario, perchè crido contra Roma in la Dieta et muggiva quel giorno come dieci tori, quum tamen vix decem verba in anno proferat merus melamonicus et stupor ipse.

El L' antgravio d' Assia potentissimo Signor ancorchè putto ma de ingegno grande et malo et tutto Lutherano, come quel di che el Duca Saxone ha la cura, favvreggerà ad le enormità di Hutten.

Sed quod pejus est Sichingen con tutta la povera nobiltà di conjurati di Germania nutrisce detto Hutten et se serve de lui ad altri suoi propositi; perchè melio tien uniti per suo meggio tutti questi Conti et nobili poveri con li quali Sichingben semper ha fatto et pretende far le sue guerre senza gran spesa, et in vero detto Sichingben robus sic stantibus est terror Germanie, ex qui (?) omnes alii torpescunt, ne ci vedo bona speranza di detto Sichingben per noi, sel no se dichiarasse Francese, o almeno hauesse secreta intelligentia, del che ne ho qualche sospitione, perchè Roberto della Marca ha un suo Ambassator ul presente, et quasi ordinario appreso detto Sichingben, per tal via si potrebbe far chel Christianissimo usarebbe qualche bon meggio a sbassar la petulantia et la conjuration de Hutten, giacchè questi Cesariani per niente non voleno far mutationi o tumulti in questa Germania, quos tamen dum maxime cupiunt blandis modis evitare, maxime incurrent.

Insumma Rme Dne et Illme Due agitur nunc de alia re neque de Luthero, perchè come dice Hutten quando mille volte Luthero fosse morto, se discopririano cento Lutheri et già pare che Hutten vorebbe quadam invidia motus vendicàre sibi primas partes, il che farebbe volentieri, sel sperasse chel populo li havesse tanta fede quanta a Luthero. Ancora el scrive, quando esso medemo fosse morto non restarà el resto della nobiltà seguir questa concetta impresa, ne è da dubitar che la hanno già destinata più tempo fa et con grande numero de conjurati. Ad esso Hutten nel Castello di Sichinghen concorreno tutti questi accademici Rhenani et la ognuno mette il simbolo con tanto studio et tanta elimatione, che è cosa stupenda.

Jo lo so per diverse vie, et ultimamente mi è venuta in mani una carticina di detto Hutten che par che sia una particula della minuta di quella Epistola fatta contra preti, che è cancellata in più di cento lochi, tutte quasi le parole X volte mutate. Alla barba de nostri Oratori et poeti che sono costi a Roma che stanno sol in far quattro versetti al mese et calumniar l' un l' altro sopra una paroletta che doverebbono esser unanimi et hormai ancor loro scriver d' accordo in defension della fede con quelli boni ingenij et judicij, che farebbono cose eccellenti et serrarebbero la bocca a più di sette di costoro, li quali solum cum la poesia et arte oratoria, sic Deo placet, al presente appresso il vulgo hanno preso tal credito, come havessero posto la vera Theologia sotto li piedi. Ne si pensi alcuno che si venghino per scomuniche delle quali se ne rideno, ma solum clavo clavum trudere oportet et vencer questoro con simili arme. A questo V. S. Rma si degni intercedere appresso Nro Signore che doni animo et favor et premio ad alcuni boni ingenij a veder la biblia diligentemente et scriver come fan questoro in deffension però della fede che Dio adjutarà loro, ne besogneran più tanti Theologi a rebuttar questi ribaldi, li quali recusano tutti li dottori, come si vede. Non è però da dire che chi li vole scriver contra sij tutto nudo delli libri sacri, ma si vede chel stilo per adesso è molto necessario, dico per questa tal' impresa. Jo per me se Dio mi darà gratia che reassumi un poco le forze come sij retornato, me sforzerò adjutar li altri più che potrò in qualche particella, et a questo sono del tutto determinato, il che harrei già cominciato molto tempo fa, se non me havesse retardato questa impresa pur troppo difficile a X huomini.

Besogna far advertir a Roma che un frate Martino Putzer el quale stava nel Convento di Heidelberga del Conte Pallatino, dotto bensì in latino et alquanto in greco, giovane di un campo terribile brongino, è fuggito già un mese e mezzo de convento, et è ito a star con Hutten et ancora ha l' abito, ma procura per via di Roma lassarlo, che non si lassi passar la suplicatione o breue. Lui è da Selstadio terra di Spieghel, ma il padre habita in Argentina, non sò el nome se non fratesco, sed in Religione, ut dixi, si chiama Fra Martino. Essendo ancor lui in Religione fece mia amicitia. Jo li feci carezze, exortandolo ad usar il suo ingegno et sue lettere ad miglior opera che Luther, parse che lo pigliasse a buon, ma poi sen' è fuggito; intendo essere huomo inquieto, pericoloso qualibus gaudet maxime Huttenus.

Li Cardinali et Prelati di questa Dieta hanno ordinato di far congregatione intra loro per trovar remedio alli inconvenienti che minaccia Hutten.

De' Principi laici non potiamo fare più grande fondamento che dell' Elettor Brandeburgh per molte ragioni altre volte per me allegate, però besogna in ogni modo che

10*

in quella causa Havelbergen. Episcopatus in fauorem Episcopi Brandeburgen. se gli habbia gran rispetto, tum ratione ipsius Episcopi, el qual è constantissimo et dico quasi obstinatissimo, per noi homo fixo et melancolico, tum ex ratione Murchionis, el qual perderebbe molto, perchè pretende habere jus nominandi, et siccome loro mostrano, fu fatta grande fraude per l'adversario in la elettione.

Raccomando di nuouo la causa di Capitone perchè importa assai al fatto nostro, et dico assai.

Item raccomando Spieghel, il quale molto si offerisce a servir V. S. Rma come altre volte ho scritto, et aperte dice, che se as gli da una cifra, revelerà cose assai et mirabilia policetur: è homo falso e di poco cervello, non è mal tentar ciò che lui sa far, so ben che lui è uno delli intimi della perversa Accademia et me revela molte cose, et promette far buon ufficio, ma secretamente. Jo tengo fidarmi di lui, del che Dio me ne guardi, ma sotto questa fittione l'huomo se ne puo servir, perchè non si perde niente, insomma me par esser molto al proposito farli quelle gratie de' quali ho scritto.

Dice ancora che tutti moti et Concilij che lui intenderà qui post discessum Cesaris, darà bono avviso, perchè è secretario del Conseglio, et demanda per el servitio di tre anni proximo futuri solum florenos centum auri renenses, al presente pagati.

De quella causa Monasterien. con Monsig. Casertan, questoro ne voleno qui far grande querella in Dieta. Jo li ho retardati per alcuni giorni per meggio del Cancelliere di Colonia, finchè io habbi resposta de Roma amore Dei se si puol remediar si faccia, perchè la Chiesa Monasterien. è fedele alla sede Apostolica et produce diversi homeni apti a far mille innovationi. Non ho possuto far di non dar la loro instruttione; V. S. Rma si degni farla ueder, et se faccia il meglio si puo: della Prepositura me par che il S." Casertano farebbe ben mandar la resignatione, perchè non è di molto valor et poi di più gran scandalo perchè è corroborata di più privilegij et consuetudini della prebenda super qua jam composuit dar bone parole fin alla resolutione della Dieta.

Preterea quelle gratie ch'io domandai per el maestro dell'Oratorio di Cesar, un pronotariato in Bulla, una dispensa per un filio di un portier di Cesar, et certa dispensa per el Doctor Brucardi Ord. Pred. che fa qui bono officio contra Luther, supplico più presto si puol, si mandino.

Besogna necessariamente se facci una Bulla della condemnatione post lapsum termini in prima Bulla contenti, et in omnibus farla come stà quella, la quale ci fù mandata alli de 4 passati, ma non besogna nominar altri che Martin Luther, non facendo mentione de Hutten, ne de altri. Poichè qui questoro mormorano che non si sa che Martino sij stà dechiarato post termini lapsum et trovano excusatione per poter favoreggiarlo, et non è per niente tempo di publicar questa già mandata perchè ne venirebbe ad ammazzarse etiam in gremio Cesaris, non solo Hutten, ma tutti questi nobili, perchè ancorchè lui non facci stima de excomunicationi quantum ad animam, tamen per la infamia del mundo farebbe cose da pazzi. Però supplico che presto et omnino si mandi tal Bulla che demando, acciochè la si pubblichi in Dieta, et il popolo habbi più terrore.

Jo ho ben determinato nel partir di Germania far publicar questa Bulla, et contra Hutten, et me ritirar al securo, et farla imprimer, ma de farla mentre che qui stiamo non volij Dio, perchè non giovarebbe alla causa, et privarebbe totti noi della vita. Di questa diffidatione fatta,, tutti grandi et piccoli ci metteno grande paura, tuttavolta siamo determinati el Carazzolo et io veder la fine, et se Martino viene furlo, che meglio sarà, et se non viene domandar la diffinitiva executione delli suoi libri, et de libellis famosis quando etiam mille mortes nobis imminerent, et in questo habbiamo fixo il piede, incutiant quantum libet timorem nobis alij.

A V. S. Rma humiliter baso le mani.

Vormatie di 5. Aprile 1521.

20.

Rme...

Ho receputo le de V. S. R, et le copie della bulla, e li breui secondo le expeditioni qual demandauamo, spero non seranno se non ad molto proposito nostro.

Havera scritto per mie ultime che 'l Confessor et Armestorff erano per andare a Sichingheu et Hutten. Iverunt, et ut ipsi ajunt, oportune, perchè intesero in quella fortezza doue loro erano per meggio di un Satrapi, che giù s'era fatta una conclusione di taliar a pezzi avanti che fossero X giorni noi et tutti li Prelati et preti, che se trovano in questa Dieta, il che sarebbe stato facile, perchè Cesar non ha qui quattro scalzi, et Sichinghen è in ordine di gente più che Principe di questa Germania, et questi di Vormes sempre nemici de Preti, non desiderano altra cosa che extermimar el Clero. Hutten disse haver inteso da grandi Principi, che Cesar de tal cosa sarebbe stato ben contento in secreto, benchè s' haverebbe voluto far qualche demonstratione di haverne displicentia. Ista ego non credo fuisse casura, ancorchè l' animo fusse pessimo, pur el Confessor et Armestorff hanno referito a Cesar, et a noi più oltra dicono che Hutten allegava per sua excusatione de quello che contra jus gentium haveva scritto de amnuzzarci, che lui lo faceva per far cosa degna di sè et grata a Cesar, sapendo ben che noi andavamo de notte subvertando li animi de Principi, ut deficerent a Cesare, il che questo ribaldo ha finto per sua excusatione, ovvero come è leggieri ha creduto facilmente a quelli che cercano la ruina della Chiesa. En quello Castello el confessor trovò el frate Martino Putzer Ordo Predicatorum, del quale ho scritto per altre mie, et fà lui solo peggio delli altri, perchè Hutten in materia fidei tercio verbo fuit victus a confessore, et parse che se facesse humile come un' agnello, benchè il ribaldo per esser inconstantissimo subito si muta; ma il frate apostata disputò delle ore sei in favore di Martino, parte per diffension de lo che ha scritto, parte per dar senso catholico, et dice essere stato con Luthero de dita opera per farse dichiarar la mente sua; el confessor finalmente li mostrò che in quocumque sensu capiebatur ea de quibus disputabatur erano le cose male et intollerabili. Sichinghen homo de ingegno et di chi se ha da far fondamento ha le cose di Luther in alemanno tutte in la mente et disse haver nelli libri di Martino aliter quam D. Coufessor adducebat, et in effetto produxit libros germanicos dove Luther come è consueto a contraddirsi, ha scritto alcune cose dissentienti da quelle che sono ne' suoi libri latini, li quali el confessor havea portati con seco et mostroli, donde Sichingben fu molto remasto della prima openione, tandem disse che lui desiderava reformatione universale etiam di se medesimo, et che dove Martino tratta tal cosa, et dovunque el parla cose bone el vole deffender contra tutto el mondo, et metter la robba, li filioli et la vita, ma dove lui ha parlato mal in la fede, lui vole essere il primo a buttarli il foco. Similmente Hutten disse che in alcune opinioni lui non volse sentir con Luther, neque vult commiscere causam suam cum Lutherana, ma che lui pretende che li Preti sijno castigati, et che lassino le richezze grandi, quar: adminiculo ita vitiose vivunt, et che lu questo che Cesar è malcontento di lui, che ci habbi diffidato, lui non proseguirà piu oltra contra el voler di S. Maestà, et ha scritto una lettera humile et summissa a detto Cesar, nella quale però tocca el Carezzolo et me aspramente: ad tale è venuto il mondo che un Hutten sciagurato homicida miserabile, vitioso, scalzo et ignudo volij reformare rerum ordinem et in faciem Cesaris, habbi ardir di far et di dire tal cose, ne potemo tanto dir loro con bel modo quanto sia la loro ignominia a tollerar tal cosa, che ci voglino dar remedio, ma strengano le spalle, et dicono che rebus sic stantibus non si puol far altremente, perchè non hanno gente in ordine, et quando questo fusse, credo ancor che non farebbono meglio, perchè l' amico che guberna non vuol guerra, et sono persuasi che Hutten per se, ma più per Sichingben habbij seco tutti li nobili di Germania, li quali desiderano immutationem rerum, et revera Sichingben solus nunc in Germania regnat, perchè ha seguito quando et quanto vole et alij Principes torpescunt, li Prelati tremano et se lassano divorar come conigli, li Principi seculari come li Saxoni et Palatini, et Bavari ci sono contrarij, l' Elettor Joachim è forte et animoso per noi, sed solus, et tutto il mondo grida la morte a Preti et mormorano ut alias scripsi di convertir le annate in salario delli Conseglij di Germania, contra Dio et contra rason, et mille altre ribalderie che longo sarebbe et tedioso ad scrivere ogni cosa.

De Martino habbiamo nove che è in camino et sarà qui intra doi giorni, del fasto che mena seco de gentilhomini, et sei dottori et d'haver predicato in Erfordia dove fu excepto da artisti et legisti honorifice, non ne voglio scriver asseveranter quia multi multa loquuntar, sed ex rumore incerto solum posso affermar che quel ribaldo Eraldo che lo conduce è un paccio, maligno nemico nostro, el qual per camino, come si dice, fa gran triumphi di Martino, ne mai potessimo saper che lui fosse per andar a tal offitio, perchè l' haveressimo impedito pro viribus, perchè ben sapemo le sue conditioni, ma li Cesariani mai ci volsero dire neque personam neque tempus discedendi, non so perchè causa.

Noi diu noctuque cum Cesare et non el confessor, et li del consiglio secreto satagimus de far che l' autorità di Nro Signore sit semper salva et che questa venuta sia proficua alla Chiesa di Dio, ne mancamo de far el sforzo, et ben besogna perchè el Saxone per mille vie et arti fa il peggio che pote, et tutto il mondo tumultua a tal, che li Cesariani vorebbeno che Martino non fosse mai per venire, et vedeno che noi sempre li predicevamo il vero et il dover. Cesar par che sij constantissimo et che vole che omnino servetur decretum Imperij, anzi a quest' ora nell' uscire di vespro ci ha detto chel spera farà ancor miglio che quello che è stato concluso et che al peggio che si pote, seguitarassi el Decreto predetto che è, come alias ho scritto, che se Martino non vol revocar li libri dannati et altri che in se contenghino alcuna cosa contra Ecclesiam catholicam, leges et ritus in hanc usque diem observatos, che li libri si abruscino, et Martino vigore salviconductus redeat quidem domum, sed posthac habeatur ut hereticus in quem omnes Principes et populi insurgant. Il che purché si faccino, le cose andaranno bene.

Havemo fatto instantia ad Cesar che ex quo quelli dottori che vieneno con Luther sono excomunicati et interdetti per esser suoi fautori et complici et non hanno salvi-condotti, però non si lassino entrar in la terra; Cesar intra assai bene in la opinione nostra, ma dice voler consultar con li Elettori et del tutto dar buon ordine, che Dio et Nro Signore saranno ben contenti. Il che credo che sarà se pur lui segue il suo bon senso, et non de alcuni suoi, li quali hanno più rispetto delli huomini che de Dio et del suo Vicario, et Dio un di mostrarà loro che più pote che li homini in quali questoro si fidano. Il che ancorché apertamente gli diciamo, et demonstramoli per mille raggioni l'error tanto enorme, anzi li predichiamo li scandali el danni, che procedono da questa loro o paura, o negligentia, o malignità, mai possiamo tirar da loro altro, che bene faremo, et che non debbiamo curar, che le cose andaranno bene. Et tandem fanno ogni atto in questa causa di Luther al contrario di quello che Dio la rason le lege l'honesto l'utile non solum universale, ma ancor proprio loro rechiede, ne trouamo altro de ben in essi, se non che si lassano dir da noi tutto quello che noi uolemo, et increpationi quasi conuitiose, et per che se mouemo per la raggione, nihil grauate ferunt, un altra ancor scintilletta de honestà è in essi che dopoi el fatto, quando li recordamo l'in-conueniente seguito per non hauer fatto secondo la requiesta nostra: Tutti a primo ad ultimum strengono le spalle, et confessano ingenue, che dicemo il uero, ma che del passato non si ha più da pensar, et domandano da noi consiglio, et parer nostro del futuro, et noi ancorchè sij assai difficile correggere li errori dependenti da mali principij: tutta uolta ne sforzamo trouar, et proponer l'expediente de quello che resta, et partiti con bona conclusione sempre fanno de diametro al contrario, che è cosa per far impazzir li saxi, non che li huomini. Non mi extendo a mille exempli, che ogni di, et pur oggi ci sono accaduti, perchè è tedioso, et inutile a racuntar, non si potendo costi trouar remedio. Talis est rerum harum status, talis personarum conditio, li quali uorrei benche fossero contra noi più asperi, ma che trattassero ben la cosa de Dio, del suo Vicario, et della Chiesa, et sua propria: uedo bene che in ogni cosa loro fanno così, ma de suoi fatti viderint Ipsi, ubi agitur de particulari tantum suo commodo. In causa uero Lutherana si agita la cosa universale Christiana, et comune bene, et la salute del Christianismo, quod cum maxime videant, videre tum uolunt, et però me dubito ch' el mundo ruat in Chaos, attenta la commutatione de tutta questa Germania, ebel non sij nessuno, o Prelato, o Principe, che non sij o del tutto contra noi, o se pur è per noi, imo per se stessi, tamen ausit detegere sese, adeo ueternosus stupor omnes inuasit, che se lassano minacciar, et de breui batter da un Hutteno, et non si moueno. Solus Cesar adhuc constat el qual è de bona natura, et religioso, purche chi ha la cura della coscientia lo mantenghi. Tutto il resto de suoi chi per una causa, chi per un altra in questa cosa di Luther non fanno ben el debito. Hinc est, che el bon uoler di Cesare non è esequito, perchè per esser lui giouane par li conuenienti reportarsi ad Conselio de chi l' ha fin qui gubernato, et se ben alcuna uolta lui comanda, et dice etiam cum animo adirato uoler che si faccia alcuna cosa, come demandamo, tutta fiata nihil fit, et non si puol far altro, perchè el nostro dir, admonir, pregare, lamentar, increpar non si moueno, che è una cosa fuora de ogni predicamento, di rason. Et quod pejus est bisogna, che se remettiamo nelle mani de chi uedemo non arar dretto, ne è remedio far altramente, perchè altri non sono, et se questi a chi noi recorremo, descopressemo hauerli o aduersarij, o sospetti, tutto irebbe a terra, solum besogna uencerli con dolci parole, con prometter maria, ot montes, capelli, et capellati dal Pontefice, cosi segnando dextro modo: ne gioua più proceder ab argumento fidei, aut religionis, aut salutis, o de benedictioni, o de excomuniche, perchè tutto il mundo qui ò intepidito de fede, et se ne ride.

Quello che Jo scriuo è la pura, et quasi Evangelica uerità, et esplicarò il tutto Deo fauente a bocca un qualche di se parena far al proposito, perchè me dubito che besognarà trouar altri expedienti, li quali dirò secondo el mio poco parer, solum interim supplico el S.™ et V. S. R. che stijno costanti, et non succumbant animo, sed habeant semper in anribus et corde dictum Christi: Petre oraui pro te, perchè tandem la guadagnaremo. Et se forsi interea aduenerà qualche peggio scandalo, veh illis, per quos scandalum venerit, et illis etiam per quos scandalum, veh illis, inquam, quamlibet magni sint.

Questi miei poueri conselij, et conforti supplico a S. S. et a V. S. R. boni consultanti, dirolli altre cose in reditu meo. Non se intenta perochè quamdiu saremo qui el Nuntio, et Jo non facciamo tutto il poter et sforzo, che se ottenghi paccatamente lo che dessideramo, ma non noce proueder li remedij a tutti li mali, quali potrebbono al peggio accader, che certo è molto da dubitar, perchè ancorchè questor habijno scritto al suo Ambasciator bone noue da referir al S.™ tutta uolta le cose uanno come noi scriuemo, et è possibile che già habino meglior mente ò più aduertentia, che prima, ma è da temer, che per loro colpa sij lassata cosi exhulcerarsi questa piaga, la qual se seguitauamo come haueuamo cominciato, tutta sarebbe già sanata, et hoc est verum, ut ipsi omnes fatentur, atque illi iidem, qui principio id maxime negabant fore che non la potranno più curar saltem per il presente. In tal modo quel dragone Saxone extollit colla, in tal modi li serpenti Lutherani sono multiplicati, che sibilano longe lateque, quantum uolunt, et questoro taceno, et mi par che tremano: Vorrei con poche parole scriuer alcuni casi che pur a quest' hora mi assaltano da ogni banda, ma besognerebbe scriuer uolumi, non lettere, et Jo me dubito che queste non sijno troppo tediose, et per non referir al S.or et a V. S. R. cosa che molto li placcia, si per la grande uerbosità, ma per il scriuer cose noiose, imputandum est necessitati rerum, ut potius culpae hominum et che Jo sij uerboso lo fa che mi si gonfia il cuore, ex cujus abundantia os loquitur.

Hieri li Cesariani in camera de Cesar ci dissero hauer scritto a l' Ambasciator a Roma, ma denese referir al S.or molto melior none della cansa de Martino, che per nostre lettere erauamo soliti de scriuer, et quodammodo expostulabant nobiscum: respondessemo che non desideranuamo, ne preganamo Dio de altra cosa, senoncbè loro con effetti, et non con lettere o con parole se facessero parer bugiardi.

Già 4 giorni el Confessor mi disse chel Eraldo scriueua a Cesar, come menaua con seco questo mostro, et che tutto il mondo ibat illi obviam, affusi pueri.... puelle, [1]) senes cum junioribus, che non si poteua remediar, et ancor de questo hauiamo diece fiate rechiesto a Cesar metesse tal ordine, che per ogni loco l'intrasse secreto, più, che fosse possibile: promissum fuit asseuerantissime, sed non abseruatum: perchè a chi Cesar comanda non pensano ad altro, che a qualche particular commodo o cose temporali: et adnantaggio intendendo, che questo è quello Eraldo, che messe la mano alla spada per far dispiacer a un de Seduoense, el qual in sala de Cesar parlando defendena la cansa del Pontefice contra un fra Joanni Fabri de Augusta, che nel sermon in funere Cardinalis de Croij quam habuit Alemanice fuerat oblocut. de sede Ap., oblitus tot benefitiorum a S.or D. N. acceptorum, et intendo. che questo Eraldo è un matto proteruo, inimicissimo del clero: sbajaffone, el qual e ben ho ut multi jam predicant, per dir, et publicar hauer ueduto qualche miracolo de Martino per la uia, o el tempo (sic) santo sopra il capo, come lo depingono. Et ancorchè non se li douerebbe creder per esser tenuto qui da tutti gran bugiardo: tutta uolta tanta è la incognata affettione di tutti questi popoli uerso Luthero, che crederebbono al diabolo, el qual già li domina, purchè dicesse ben di quel indegno Luthero.

Hauessimo tentato de prohibir, che questo Eraldo non fosse mandato, ma mai non fu possibile intender dalli Cesariani, neque personam mittendam, neque tempus dimissus, ancorchè mille instantie facessimo: et credo, che dubitauano, o che non subornassemo per danari detto Eraldo, che cum qualche parole non deterreret Lutherum ab aduentu, quem isti tunc maxime optabant, ut alias ucripsi, et adesso credo, che se ne pentino, ouer ne tenderemnas insidias Luthero in uia, quod tamen utrumque falsissimum fuisset.

Basta che mai potessimo ne auanti, ne dopoi per molti di intendere tal cosa per uia alcuna, intendendo li Cesariani che por Luther era per uenir de certo parse, che restassero tutti attoniti, perchè erano ut supra dixi mutati de proposito dal desiderio primo, che haueano chel uenisse. Nos vero nihil unquam dubitauimus, quin esset uenturus post tam humanas a Cesare ad eum datas litteras, quomodocumque ci mandorono sabato el Confessor a parlar al nuntio, et a me insieme de lo che se haueua a far: li

---

[1]) So im Manuscript.

dissimo, dicessimo, che sempre hauenamo predetto, che per nulla raggione, o equità, honor, o comodo se deuesse far uenir quest' homo, perchè sarebbe a gran scandalo del mondo e uergogna loro, et però loro, che haueano cosi uoluto, chel uenisse, cercassero almeno de far, che Dio et Vicario suo hauessero el debito loro, et Cesar ne reportasse honor. Ma pur uolendo el Confessor per nome de Cesar saper l'obietto nostro, gli dicessimo, che imprimis era necessario, che Cesar facesse entrar questui più secreto fosse possibile, deinde li desse un loco in palazzo, doue nessuno de sospetti potesse conferir con lui: postremo, che interrogaretur simpliciter, et omnia fierent in hoc postremo articulo, tutto se portarebbe de male in peggio: piacque el conselio al Confessor et ne andamo tutti ad Cesarem, refererenoli l'aduiso nostro, disse che cosi se farebbe, et tamen sequenti die fu detto quel logiamento sarebbe alli Augustini, et che harebbe guarda, che niuno li potrebbe parlar senon chi piacerebbe a Cesar. Credo, che si farà tutto el contrario, come è stato sempre fin qui obseruato.

Dominica fù detto al Carazzolo, che costoro pretendeano diuider li errori di Luther, et farli reuocar alcuni circa fidem et quelli che toccano alla potestà del S.⁻ lassarli scorer; subito fossemmo a Cesar, ci rispose, che farebbe o meglio di quello era sta concluso, o al peggio uenir secondo la conclusion dell' Imperio: se pur sarà cosi, et a V. S. Rma Illma humil. baso le mani.

Vormatie raptim 13. Aprilis 1521. hora quarta noctis.

21.

Rme....

Già haueva serrata l'altra lettera, quando in quest' hora per varij messi et per tumulto del mondo che correa mi fu detto che l'grande heresiarca faceva le sue entrate. Mandai un de mei el qual me referisce, che fino alla porta della terra fù accompagnato da forse cento cavalli, et arrivò a loggiar presso del sua Duca Saxone, et nel descender un prete li pigliò in ulnis, et poi tocolli tre volte le veste, et andavasi gloriando come se havesse tocca: una reliquia del più gran santo del mundo, da tal chè mi dubito che brevi diranno che fà miracoli. Esso Luther in descensu currus versis huc et illuc demoniacis oculis disse: Deus erit pro me, poi entrò in una stufa, et molti Signori a visitarlo, et pranzò con forse dieci, ovvero dodici, et dopoi pranzo tutto il mundo a vederlo.

Che dirà mo el S⁻⁻ imo el mundo dell' autorità, dell' officio di Cesar, delle orationi, delle promesse che ci ha fatto, che Dio perdoni a chi lo guberna di tal sorte, imo lo subvertono et destruggeno; che se V. S. Rma vedesse le cose come vanno, resterebbe attonita, nonchè maravigliosa, ne se maravigliÿ del mal esito della cosa nostra, perchè non se potrebbeno tenir per questoro peggiori meggy, quantum interim dicant se miranda facere adeo ut nisi omnia malo dolo faciant, facile persuadear et credam istos esse non solum timidos, verum etiam stupidos. Già el Duca Saxone triumphat, regnat, imperat, et fa come lui vole contra Dio et contra rason et tanto più dopoi che lo Elettor Brandemburgh. ha dichiarato a Cesar di voler far parentado del primogenito suo con Madama Renée sorella della regina christianissima, per il che qui si tiene ancor più conto del Saxone che prima. Sapino (ut ego dixi privatim Dno de Chievres jam multos dies) che se trovarebbono gabbati di questo Duca et Principi di Alemagna, et sicut dixi, factum actenus est, et si trovaranno ogni di peggio, si per esser tal el modo di Dieta di Alemagna, si perchè questoro hanno tenuto più conto delli huomini che de Dio, et però Dominus in celis irridebit eos; baso li Smi piedi di Nro Signore et di V. S. Rma le mani.

Vormatie XVI Aplis 1521.

22.

Rme...
Ancorchè Jo dubito, che l'altra lettera alla qual habbiamo sottoscritto el S: Carazolo, et Jo, parerà pur troppo lunga, et tediosa a V. S. R., nondimeno perchè così richiede l'honor, et l'util della S.⁺ Sede, non restarò scriuer ancora questa per la qual l'aduertisco, et li supplico si degni far, che più presto si pote si habij la bulla nella qual è dichiarato Luther del tutto heretico, et contumace post elapsum terminum senza far mention ne de Hutten, ne de altri, che de Luther, questa che fù mandata ultima sarebbe bonissima, se non fosse nominati altri, perochè per ho (?) se pol subito reformar, et mandarla, perchè l'official de Treuer mi ha detto, che alcuno di questi Principi ad suggestionem utique alicuius cansidici Lutherani, già comincia a dire che Cesar non ha da far alcuno mandato contra Luther, finchè non costi che N. S. l'habij dichiarato come de sopra, et ancorchè habbiamo nostre raggioni, che senza altra dichiaratien S. M. debbe proceder, nondimeno perchè habbiamo ad far cum mille terribili capo buono è hauer subito detta bolla, la qual presto si può puol reformar, perchè de produr questa, doue è nominato Hutten non è ne comodo, ne al proposito per niente, tanto che habbiamo a far in la Dieta. perchè concitaressimo mille fuochi, non dico per el pericolo nostro particolar tanto quanto per assai parenti, et amici nobili poueri ha Hutten el qual fa pur trappo de mal a questo modo, et ci retarda cum sue pratiche ogni nostro atto, senza che l'se iriti più per il presente confesso, che Hutten è una bestia, et di poco poter per se, ma in questi tanti tumulti, che tutto il mondo ci è contra et li più grandi, ogni piccolo buomo nosce assai.

Preterea perchè è comune fama che Luther si habbi recitar (sic) in Bohemia, buon sarebbe che per uia di Ungharia si facesse presta prouision, che nel passar el fosse preso ante che l'entrasse in Bohemia, perchè da poi sarà difficilissimo, et quasi impossibile hauerlo, et la farà cose bestiali. et presertim me dubito de queste quatro cose, che segueno prima questui, come scrissi a tre Legati plena meditation, cosi scriuerà acta aduentus sui ad conuentum Vormatiens. et examinis in eo, et concitarù il popolo con dir chel non è stato admesso alla disputation publica, et non è stato odito, et de già ne ha demandato al secretario di Cesar chel facesse nota in l'instrumento del Combiato, che li dette Cesar in questo, ancorchè ogni cosa sij stata fatta corro (contra) legge, la equità, el respetto della Sede Ap., et li comandamenti de N. S. et da V. S. R. me fatti uoleuano, et la incompetentia de Judici non permetteua, nondimeno questo popolo molto exalta, et justifica la causa di Martino per questa falsa uia de non l' hauer lassato disputar, che certo se non fossero state le cause sopradette, et perchè la cosa sarebbe procesa in infinitum, quod maxime cupiunt Lutherani, quando li fosse stata permessa la disputa, mai lui ueniua in Campo, perchè già in più di sei luoghi come intendo dalli adstanti, l' offitial di Treueri in le exhortationi et interrogationi, chel facesa a detto Luther in priuato lo conuenisse manifestamente, el simil intendo, che fosse el Decano de Francford in camera del detto Luther: Imo prouocolo alla disputa, et Martino la rifiutò in presentia di assai Gentilhuomini. In reliquis la usauta del detto è stata maluberrima, perchè et Cesar, et quasi tutto il mondo l' ha extimato per pazzo, disoluto, et demoniaco: quinimo subito che Cesar el uidde, disse: questui mai me farebbe heretico, et poi quanto furono nominati li libri coram Cesare, et Imperio, Cesar palam dixit, et sepissime postea repetiit, che mai crederà che l' habij composto detti libri. Lasso a parte la ebrietà, alla quale detto Luther è deditissimo, et molti atti brutti uisu, uerbo, et opere, uultu, incessu, che li han fatto perder tutta la opinione, che 'l mundo haueua concetto de lui.

L' altra opera che minaccia di far questo ribaldo in fine de un suo libretto Almano è de leuar prorsus tutta la confessione, et che non si habbi a confessar ad altri, che a Dio, al modo de hebrei.

La terza, che in el Sacramento della messa non è il uero corpo di Christo, sed in signum et questo fù un articolo suo dannato da N. S., et già, ut alias scripsi, in Fiandra sono stati presi molti alli di passati, che hanno tale opinione che auanti per molte decenne de anni erano stati coperti, et dopo publicati, et fauoreggiati questi libri da Luther, hanno preso ardir de scoprirse.

La quarta cosa che me dubito di questo ribaldo sarà; che D. N. J. Chr. non est consubstantialis Patri, et quod erat tempus quando non erat filius, et quod filius est creatura, sed non ut ceterae creaturae, et quod filius est de nullis extantibus, et non de Deo Patre, le qual opinioni furono del perfidissimo et diabolico Arrio, causa de morte de tanti miliara de Christiani, et questo non senza causa parlo, perchè el Confessor del Cesar m' ha detto che quello ribaldo frà Martino putzer predicator, el qual scrissi altre uolte esser fugito, et esser in la fortezza de Francisco Sichingben; Hor questo ribaldo conferendo a qualche proposito con detto Confessor, disse apertamente, che lui tenea che Ario non fosse stato ben, et justamente condannato nel Concilio Niceno, et qualche uno de gran uome in questo nostro tempo in tre o quatro lochi de sue opere par che sente il simile, et tutti questi sono Lutherani, quamuis dissimulent, maxime preco (?), Rme Dne., ne spernas verba paruuli coram te loquentis, et facciasi più prouisioni se poteno per pigliar questo cane auanti chel uadi in Boemia, et che ueughi tal abominatione al mondo, et in his omnibus Dio uoglia che Jo menti.

Altri hanno opinione che Luther si ritiri in Datia (sic), et è fama che per auanti el Rè l' haueua fatto rechieder assai, et non potendo hauerlo ha retirato già, come me ha detto el Dotor Capito, Philippo Melantone, el qual ha un belissimo, ma malignissimo ingegno, et credo che lui habbi composto una bona parte delli libri di Lutber, o saltem molto adiutato: et tanto più el Rè di Datia cerca hauer questoro per hauer aliquod solatium, et refrigerium della conscientia per lo enorme crime che ha fatto in amazzar quelli Episcopi, sepur se ne fa conscientia quel Rè, che mai hebbe conscientia, pero se per auuentura lui cerca a Roma l' absolutione, non sarebbe mal redarguer quidem, et acriter talem Regem: ma non li esser troppo renitenti all' absolutione, acciochè per dispetto, o per desperation non se donasse del tutto a questa pessima uia de Luther, la qual conforta ad amazzar li preti tanto crudelior Jo è (?) hussita, quantum ille sacerdotes presentes expellendos tantum consulit, Luther uero etiam ad eos interimendos Principum animos inflama.... ¹) Noi de qui faremo tutto lo sforzo, che.... ²) Cesar ne aduertisca, et preghi detto Re suo cognato ad non uoler intrar tale uia. et similmente al Re de Ungaria, che dia de mano a detto Luther in che ne hau: promesso far buon officio quello messer Stefano, che fù altre uolte Ambasciatore a Roma, et Balbo, li quali erano alli di passati qui per el suo Re, et fecero buona opera contra quel ribaldo, perchè lo inuitorono a pranzo, et l' haueano trouato indotto, et lo exhortorono a ridursi alla bona uia non solamente pregandolo, ma ancora demostrandoli euidentemente molti de suoi errori, al che uolendo Luther rispondere si portò si male, come dicono li astenti (sic), che li Ambasciatori dissero poi a Cesar, et a tutta questa corte che l' haueano trouato, et indotto, et paccio: predetto Messer Stefano Ambasciatore Ungharo per zelo de santa fede ha donato 50 ducati d'oro ad un impressor a Vienna, acciochè imprimesse il libro del frate Ambrosio, et lo disseminasse per tutto. Tutta uolta non bisogna expettar solum l' adiuto de amici, ma ancor de se medesimi.

Jo haueua ben aduertito, che non si lassasse passar alcuna cosa in fauor de quello fra Martino putzer, el qual è un homo che Dio nogli che non facci peggio, che Luther, scio benche è più dotto in mani della banda heretica, ma non mi ha ualso il scriuer, perchè ha impetrato una commission al Episcopo spirense per farlo far Apostata, et credo che presto sarà fatto, perchè giouedi sono alli termini: poi ha animo, et promesse dell' esser capellano del Conte Palatino, il qual non è già bono uerso noi, sel se potesse alicer questo ribaldo frate, auanti chel butasse qualche ueneno, non sarebbe forsi male. V. S. R. se degni darmi auuiso de qualche partito per tirarlo a Roma.

Una causa ratisponense tra li Cittadini et lo Episcopo fratello del Conte Palatino, per la qual intendo che l' detto Conte è molto inimicato alla corte di Roma, et in le cose nostre contrario: però bisogna andarci un poco pede plumbeo, auanti che se dia sententia, finche habbiamo dato qualche ordine alle cose de Luther; poi farassi quel che uol justitia; mal è dispiacer all' Episcopo per li fratelli et peggio al presente perder la deuotion de quella città, la qual certo se offerisce molto, et ha fatto bon officio, et al presente ne hauemo de bisogno de queste città, tamen fiat jus, sed uerum jus, et cum qualche maturità de tempo. El Rmo. S. IIII ne è informatissimo.

---

1) So im Manuscript.
2) Wie vorige Note.

Mando una certa supplicatio de un canonico de Colonia, el qual è molestato a Roma, si est ut narrat, senza raggione. Messer Jo: Viucbel ne è informato. V. S. R. si degni ordinar de la che per colpa nostra questor non gridino, non demando pero se non la rason con equità.

El Leodicen mio antiquo padron prega assai, V. S. R. si degni intercedere appresso el S.^{re} per la causa arrendationis Valentine. Certo, che lui ha fatto el primo officio in questa causa Lutherana, et dopoi exceptis quibusdam verbis liberis et jocosis, doue è stato besogno, et presertim el di del examen de Luther fece cose mirabili, ne bisogna parlar, che nel paese, et diocesi sua che è grandissima, se parli de Luther, preterea è grato a questo Principe et a Cheuvres, et tanto più estimato sarebbe sel sapesse esser più frenato, omnino plurima fecit, et ut spero plura faci, et in causa nostra, la qual però è sua: prego V. S. R. facci qualche cosa per lui in detta causa, qual credo non esser iniqua, come intendo, però, e tanto più la prego, quanto me sarà a me de qualche buon proposito, se pareranno le mie preghier non esser stato uolgari, li Agenti sono M. Juliano Nasello procurator, et li Grimaldi banchieri alli quali scriuo se adrizzino alli secretarij de V. S. R. Esso Episcopo me ha detto che Jo scriui che del tutto se dona alli servitij de quella. Insuper Messer Jo. Gaij alias notario dell'Auditor dalla Camera qui in questa corte mi presta ogni bon officio in stipular instromenti, et adiutar a scriuer in la causa Lutherana, però ingrato sarei, se non lo recomandassi a V. S. R., mando el suo memoriale, et supplico insieme cu: seco se li faccia gratia de justa, et celeri expeditione.

Retornando ancor alla causa de Luther, sarebbe bono, et de consilio de tutti qui che si scriuesse un breue a Cesar ringratiandolo della bona deliberation sua della qual mando la scritta de sua mano, et exortarlo a perseuerar, et dicono sarebbe bono chel S.^{re} adiungesse doi soli uersi de sua mano, come ha fatto Cesar.

Al official de Treueri un qualche presento sarebbe util per lo aduenir, et honesto, per lo che ha fatto benissimo, el qual ancora, che jussu Cesaris, et sui animi fecerit talem interrogationem, tamen sel fosse stato maligno, ci potea far grande impedimento, et disturbo alle cose nostre.

Delle cento fiorini habbiamo dati solo 50 a Spieghel, et bastarali, 10 al decano de Francfort, che è pouero per sue spese, chel uenne qui etiam non rogatus. El S.^{re} Carazolo li ha dato una dispensa ad duo gratis — certo chel merita ogni bene: el resto, che sono 40 fiorini si dispensauano al bisogno, et è util cosa pigliar questoro con qualche dono.

Repeto postremo che se manda questa bulla contra Luther, et sarebbe bona farla subito imprimer, et spargerla per tutto. Si facci de data dell' altra tertio nonas Jannarij. Et per l'amor di Dio, che la se spacci per el più presto nominando solum Luther, et suoi adherenti in genere: quest'altra poi nel mio partir de Germania la publicarò.

23.

Rmo...

Non era per molestar al presente con mie lettere V. S. R. se non fosse, che l'Episcopo olim mi patron li scriue alcune credentiali di mie lettere, però le supplico, che se non per pregbiere del detto Episcopo ne per mie humili sommissione almeno per amor della s.ᵗᵃ fede Ap., et sustentamento di quella V. S. R. si degni far dar ordine et rimedio al alcuno iniquissimo indulto già tre anni concesso, ma nouellamente publicato contra detto Episcopo et la sua Chiesa in fauor de alcuni suoi sudditi. Il che si procede insieme con altri simili inconuenienti, de breue li Episcopati di Germania se diminueranno tanto che non si potrà più resistere alli laici, che si uorrebbono destrutti.

Questi Jo lo predissi gia sei anni mandato dal detto Episcopo al S.ᵗᵃ et si ha ueduto pur troppo esser uero; almeno si proueda a quello che resta, perchè la se: ap. patirà più, che li altri. Di questo più ad lungo ne ho scritto a Mons. Jo. Mattheo.

Non lassarò di significarle quello che pero supplico sij secretissimo per mia causa, che traggi per ueru sono qui lettere delli del Campo di Cesar come già sei, o sette di el fratello del detto Episcopo inuitò tre o quatro primi del Campo ad pranzo, et dichiarò loro come era sta aggabbato da quello gran Principe per causa et istinto del qual l' haueua mosso guerra, et chel dessiderana uenir a buon apuntamento, et dire jube Dne. benedicere, et di questo ha scritto al fratello pregandolo, chel tenghi la mano, ma lui per euitar ogni suspittione, non sene uol impacciar. Pur spero, et son quasi certo, che l' accordo sarà quasi fatto, siche omnia conquiescant Cesari, et pero essendo le cose Christiane in li termini, che si ueggono, et li Principi arrabiati del proprio sangue: santo, e prudentissimo è stato il consiglio di S. S., et di V. S. R. a far quello hanno fatto, dicant quidquid velint alij, et avvenga quello si uolij, la raggione uoleua cosi per mille argomenti, perchè solus ostis Cesar est nobis formidabilis, et hauendolo con noi, essendo lui come più grande, cosi etiam melior homo del mundo e uere Catholico, come sempre ho scritto, non è da temer, che lui non sij per esser optimo figliolo del S.ᵗᵃ et non solo per conseruar, ma per augmentar li beni della Chiesa: Il che ha mostrato in la materia a me comessa, doue non so, che Principe fusse stato saldo come lui ad tanti obietti, che da ogni banda se li faceano de occupar il tutto, et se altramente hauesse fatto, non scio, quomodo nobiscum ageretur per molte cause, le quali V. S. R. pote ben pensar. Questo ho preso presuntion di scriuere perchè ho receputo lettere da qualche gran loco qua uicino, che a Roma non sono ben contenti di questa s.ᵗᵃ confederatione, ma credo che quelli, che me scriueno cosi fanno, et diuulgano tal fama per qualche loro ben proposito. Et a quella humilmente baso le mani.

21.

Rme...

Continuando a quel che scrissi alli 15, significharò come ancora non sono expediti questi mandati non già per colpa nostra, li quali facemo tutte le instantie a noi possibili, ma perchè Cesar dice voler omnino comunicarli con li Proncipi, et che non dubitiamo perchè avanti che si parti della Dieta farà expedir et publicar et exequir publice ob oculos suos el mandato in Alemano, latino, francese et fiamengo, li qual lui vole che omnino si expediscano. El Cancellier et tutti del Conseglio dicono che li expediranno quando a noi piacerà, il che però non volemo se non all' ultimo, quando saremo per partir da qui, perchè non giovando tali mandati qui in Germania, tenemo, imo habbiam quasi per certo che questoro per haverci commessi detti mandati mostrano di haverci satisfatto, et poi non lassino expedir l' alemano, et mandar alle città et lochi di Germania dove è nasciuto il male, et dove è bisogno dar remedio, et in tal caso li Lutherani pigliarebbono più piede che simil altro fosse expedito, però si fa per noi tutta la instantia che noi habbiamo tal expedition in Dieta, il che Cesar ore suo nobis ambobus simul, et postea mihi bis seorsim et a molti altri ha promesso de far. La causa della presente retardation al Cancellier dice che procede perchè S. Maestà tratta alcune sue cose con li Principi, le quali fino che sijno expedite dubita proponer questa nostra, alla qual non è dubbio che molti sono contrarij, et cosi intricarebbe et l' una et l' altra. Jo ben vedo che molto mal in punto al fatto nostro contra Luther, son venuti questi novi moti de Franza et verso Navara, et qui alli luoghi di Roberto, perchè questoro hanno sospetto tutto il mondo et quantum ex multis eorum colligo in primis el Ser.— Jo ben gli dico esser falsissima la loro suspitione, et che S. Santità non è per usar se non l' uffitio de buon Padre, purchè loro facino al debito in la materia de Luther, la qual principalmente tocca la fede. Tuttavolta, nisi fallor, suspico assai che tal loro impressione intrichi o retardi la expedition da noi richiesta, il che però loro fanno cum danno dell' anima et forsi ancora delli beni di fortuna et ruina delli corpi, se tal abominatione de Luther si lassa per loro impunita; ommitto dedecus ingens che hanno mandato a Roma et per tutto il mondo la deliberation de Cesar, et non la mandan ad execution dove bisogna. La speranza nostra è, poi Dio, in esso Cesar solo, el quale certo sempre è stato constantissimo, et ancora ci promette majora, ma me dubito che in questi non piccioli fastidi che loro trattano, il conseglio persuada molte cose che sarebbe meglio che non; presertim in la cosa Lutherana.

Questi Principi hanno receputo novelle lettere del re francese de di XI di questo dove lui se excusa essergli dato causa da Cesar imo esser già stato disfidato, però che è forzato far guerra come deffensor et non offensor, et non già contra l' Imperio, de chi come He de Franza è confederato, et come Duca di Milano è vassallo, et alcune altre sue justificationi como li Cesariani dicono non juste ne sufficienti, insomma già si tiene rotta la guerra, li Cesariani dicono voler far grandissimo numero de Lantznechi, Dio metta pace fra li Christiani, o almeno non si habbi a mischiar la causa di Luther con le cause imperiali de' lor stati.

Son qui a cerco forsi 700 cavalli de gentilhomini adunati sotto nome di certo Conte, el quale però è subalterno et subordinato de Francisco Sichinghen, el quale me dubito che non faccia qualche paccia, perchè par che si curi poco dell' Imperio et dell' Imperator, usando alcune parole assai incivili, come io intendo, chel dice che li Stati fanno in la Dieta le consulte, et che lui farà la conclusione, et alcune altre temerità che mostrano un mal animo; se dice per certo che tal numero de cavalli avanti che sia venti di, accrescerà fino a 1800 ovvero 2000 et par che voglino andar contra l' Elettor Treveri, el quale me ha detto expectarli de bon animo, et che spera de respondere loro bene, che Dio el benedica, che se tal animo havesse lo Elettor Galerito aut numquam

Lutherani insurrexissent, o almeno già cinque mesi sarebbeno extinti, non dico che non sij alioquin Signor pieno di ogni virtù et honestà, ma la incredibil pusilanimità sua fa danno a noi altri tutti, et a lui extrema infelicità. Treveri ha grande confederatione con el Duca Saxone Elettor, et el Lantgravio de Hassia, et da sè è ben provvisto e volpe astuta, però non teme Francisco, altri dicono che questi cavalli sono de già comenciati adunar per far a noi paura, acciochè non proseguiamo la causa Lutherana, tanto che stamo qui, et dopoi in viaggio per farci dispiacer; noi dum sumus hic non cessaremo per paura far il debito, et per viaggio speramo che Dio non ci abbandonerà; sel è possibile suplico non si dij a questoro alcuna sospitione dal lato de costì, fino almeno che siano expediti et intimati per tutta Germania questi benedetti mandati.

El Rmo et Illmo Moguntino non vole sentir parlar che se divulghi de questa Bulla doue è nominato Sua Signoria il Nuncio, Messer Eccio et io de poter procedere contra li Lutherani, et absolver li penitenti cum potestate substituendi, non già perchè lui Luthero faueat, ma perchè dice essergli per concitar immenso odio appresso tutti li Germani se lui solo de prelati Alemani è nominato in tal impresa. Intendo ancora che lui dice essergli vergogna chel sij creato, et nominato in essa Bulla inquisitor hereticae pravitatis, però lui vorebbe che se adriciasse ancor a li altri Electori ecclesiastici et alli Metropolitani di Germania.

El Signor de Cheuvres oggi è passato il IIII de sua febbre, uno de' medici che suol hauer bon prognostico spera che si sanerà, gli altri fanno peggio judicio; quicquid sit, è vecchio et ha la febbre continua, la qual dopoi il cibo cresce più, che la ragione del cibo permette, pur ha bona complexione et bon animo et non altri mali accidenti. Qui regna una febbre pestilentiale che abatte li huomini bestialmente; non credo che siamo per partir così presto di questa terra, come già X giorni speravamo, et ancorchè la cavalleria di Cesare sia già doi di partita, et che fosse stato qui ordinato et scritto in Fiandra che mercordi proximo partiressimo, tuttavolta parmi essere tardato la partenza per nuove suspitioni di guerra. Baso le sacre mani di V. S. Illma et Rma.

Vormatiae (Mai).

25.

Rme...
Mando a V. S. R. l' editto di Cesar, et del Imperio contra Martino Luther, libri, et seguaci suoi, et per prohibir questi mali, li quali procedono in gran parte per le impressioni ancor, e dentro l'editto contra l'impressori: Jo harei uoluto uolentieri facto dicto editto de impressori separato, ma inuero non haueuessimo (!) fatto, ne ottenuto lo intento, perchè essendo stata conclusa la cosa di Martino nel fine della dieta, se poi hauesse proposta la cosa de impressori in tre mesi non si harebbe auuto el fine, però Jo ho agiurato (?) detto decreto al fine della causa Lutherana, et così ambedoi insieme furono udite in presentia dell' Imperio, et concluse.

Haueua etiam fatto l' editto de detti impressori fundato sopra la bolla del Concilio laterano in tal materia, ma il Consiglio di Cesar riserò douunque Jo faceua mention di essa bolla, et dicono, che melio si obedirà solo l'Imperio, massime in questi principij, et tanto che dura il sdegno de questoro contra la sede Ap. quomodocumque nihil refert, perchè in ogni modo ho fatto imprimere della bulla Lateranense, et diuulgar qui in Germania, et Fiandra.

Hommi sforzato più, che è stato possibile mantenir l'honor et autorità del N. S. et della Sede Ap. in questo editto maxime acciochè in futur: non si tirasse in conseguentia, che dapoi la sententia di S. S. fusso stato udito imo heretico ab implo et principibus laicis però occurrendum erat morbo uenienti. Il che V. S. R. uederà esser fatto più ancora eraci messo, ma il Conseglio ha ressecato pur qualche cosetta non però d'importanza, ma de stilo et mi marauiglio, che ancor ci babbi lassato tanto; il che inuero non è poco a chi ben considera perchè soleno li laici sempre quanto più poteno derogar al Clero, et attribuirsi a se, il che però mai ho uisto in questo ottimo Cesar, presertim quando el fa le cose del suo capo solo, benchè aucor nel conseglio ha de buoni per noi certo, ma non molti, et li boni da se hanno poi rispetto sempre ad altri non boni.

Ben è stato a proposito, che S. M. comandò sponte sua al Cancellier, che Jo stesso facesse detto editto, perchè do quanto tocca all' autorità Ap. me ho sforzato, non si facesse qualche inconueniente: de far detto mandato al quanto più culto, et elegante, ma è stato parer di questi del Consilio, perchè dicono deuersi seruar il stilo, acciochè non pari surreptitio, utcumque spero, che giouarà assai, et contra questa heresia de Luther, et contra altre heresie in futuro quando se uederà li dui luminari del mondo N. S. et l'Imperator unanimi consensu esser contra questi ribaldi cani. Credo ben che per qualche tempo per nostri peccati durarà ancor questa maledetta setta, ma et Dio primo, che non abbandona sua Chiesa, et el ueder Cesar esser obediente exequtor del Pontefice in questa cosa et detto editto cosi horribile quanto mai altro non solum mitigarà, ma etiam estinguerà, et anichilarà del tutto questa abominatione, la qual già in grandissima parte è ablattuta et se ablatte ogni di più: ancora il tempo, che sole ogni cosa dura far molle molto farà remetter questi animi indurati, et presertim succedendo il bon guberno et diligentia della Sede Ap., et insomma non uedo da qui auanti altra uia più proficua, che dopoi, che si ha usato ogni remedio, che se richiedea se lassi per qualche di far el tempo, perchè questi Germani tanto più si degnano, et la uogliono uencer quanto più se pongono, chi li lassa alquanto reposar se refrediscono. Era ben necessario apparecchiar queste due medicine, l'una la sententia Ap., l'altra la exeqution de Cesar, nm al presente besogna, che cataplasma insideat bulceri, se si uole, che facci opera, se alcuno priuato interim farà qualche pazzia, li magistrati el castigaranno, et è opinion de tutti, che per uigor, et occasion di questo banno Imperiale molti nobili che erano grandissimi Lutherani lor stessi faranno la executione a' mercatanti, et cittadini per occupar li denari, et beni de altri sotto bona coperta.

Non si marauigli V. S. R. della prolixità della narratione de detto decreto, perchè è stato necessaria per più capi: primo, perchè cosi Cesar ha richiesto per satisfar alli popoli, chel non pari, che absolut (sic) l' babbi esequito la sententia Apost.: l' altro acciochè se ueghino gran parte della enormità de questo cane: Il terzo, perchè non ho mai hauuto più gran contrarietà in questa prosecutione de causa, che quando Jo allegaua, che quel, che dice Luther è tutto de Vigleff, et Jo: Huss, condennato nel Concilio di Constantia, quasi tutti e grandi signori, et piccoli como d'accordo diceano, che fù fatto torto a Joannes Huss: perchè constaua ben loro della executiou facta contra di lui, ma non de citatione et processu, et che lui era uenuto sotto saluo condotto non como citato, et fugli rotto la promessa, però ho uoluto narrar qui tutto el processo, e successo il che ancorchè lungo, spero non sarà senza proficuo, et a nostri tempi, et a futuri ueder testificato da Cesare el successo della cosa.

Li originali tengo qui meco per far fede interim, la doue farà besogno, et poi presentati nel mio ritorno a S. S. se potranno metter in la libreria ad perpetuam rei memoriam, che a qualche tempo ancor se iuscriranno in corpore iuris, V. S. R. potrà piacendole ritener uno presso de se, perchè nel pachetto de Ms. Joanni Mattheo lo mando l'altro per presentar a S. S.

A Louanio sono stato noue di, ogni cosa se ben (?) questa hortodoxa uniuersitate se recommanda alli piedi di S. S.: ho dato li ordini debiti, et sarei expedito più presto, se non fosse stato la colpa dell' impressor, el qual per mancar de charatteri non potrà far se non una forma al dì et me bisognaua esser corrector per bella forza per deffecto de correttori: A detto impressor Jo feci altre uolte pigliar per uia della justitia assai grande numero de libri de Luther forse, che però me ha stanghegginto, et possendo far il mandato in tre folij ha lo fatto in cinque per più suo guadagno, altramente è homo assai bono, et certo hormai ben redotto alla bona uia, dalla qual per auanti era sedotto da chi V. S. R. potè ben pensar, che uoglio dir, che è colui, che ha putrefatto tutta questa Fiandra: et basti, perchè spero parlarne più a lungo.

De mattino piacendo a Dio andarò a Bruxelle, farassi tutto quello che più piacerà al proposito, et sarà possibile: poi se sarà de besogno restarò de quà perchè altramente metterammi in camio per Roma como per lettere de V. S. R. intendo S. S. esser contenta. Interim baso....

Louanij...

26.

Rme....

A di 12 parti Cesar da Mastrict ad Curinghen (sic) loco dell' Episcopo di Liege per andar all' exequie di Chieuvres in Arescot. Jo non hauendo a far in tal cosa andai a Liege per ueder come le cose Lutherane si portauano in quella città. Doue trouai per la Dio gratia ogni cosa andar benissimo, quanto appartiene alli del paese; vero è, che aliqua tamen suberant veteris vestigia fraudis in alcuni forasteri, li quali erano della coniuratione di questi ribaldi impij, non però tanto potenti, che subuertisseno quel popolo del tutto catholico, pur faceano apportar, et uender alli librari di libri de Luther, al che del tutto ho dato ordine, che ancor questo ulcere del tutto in qual paese sarà estinto.

Hoggi arriuato a Louanio ho receputo lettere da un de miei di Bruxelle esser agiunte lettere per me di V. S. R., et che però non expettato, ho expedito uno de miei al Sr Carazolo, che se è cosa d'importanza io subito mi transferirò la, altramente restarò qui fino che sij impresso el mandato dell'Imperio in latino, acciochè l'si diuulghi per il mundo, et poi andarò alla corte di Cesar per fare el resto di quello parerà si habbi à far, et darò auuiso a V. S. R. alla qual baso le mani significandole che le cose de Luther de di in di più uanno in ruina come è il deuer et di questo non fingo alcuna cosa. Ben et felix valeat Ill. D. V. . . . .

27.

Rme. . .

Dopoi le mie altre scritte a di doi del presente Jo ho fatto bona inquisitione di intender, come si porta Antuuersa nel fatto de Luther, et trouo, che Inuero l'uniuersal tutto si porta benissimo, eccetto alcuni mercanti alti Alemani, et alcuni Marani. li quali dicono, et fanno pur qualche pazzia in fauor di Luther, del che Cesar è ben aduertito, et ha forte animo farne gran demonstratione, ma per consiglio di questi suoi temporeggia per qualche giorno per bon respetto di queste cose di guerra, et Jo credo, che se loro hauessero più risguardo a Dio, che al discorso del mundo, e lassassero far a Cesar secondo el bon suo proposito, che sempre ha hauuto, molto meglio si portarebbono le cose della fede in causa Lutherana, et ancor più prosperebbono le facende de S. M. Non restamo però far noi altri ogni instantia, et di breue si darà bona expeditione, et insieme alle cose di Hollandia, la qual certo è molto infetta, et non attendo ad altro, senon ad hauer mia expeditione per andarmene la dato, che Jo habbi ordine qui in Bruxelle, et nel paese di Ganonia, le quali però non hanno molto de bisogno per non esser infette. El peggio che Jo uedo in questi paesi è di quello amico, che V. S. R. mi scriue che Jo debbi con ogni destrezza tirar alla dritta uia. Il che certo sempre mi sono aforzato far.

L'altro è il Prior d'Augustini in Antuuersa el qual non già in publicis sermonibus, ut prius, sed clam multos inficit, ma questo secundo est ex eo genere demonum, che ha bisogno di barton (?). Però mi dubito me sarà bisogno, che Jo proceda rigorosamente, et forse sarà naschi qualche tumulto, perchè ho tentato la uia pacifica per meggio di bone persone, et, frustra laboramus et d'lassarlo a questo modo per niente consultum uidetur, perchè da breue hauessimo renouellata questa setta, la qual in questi loghi hora per la gratia di Dio è quasi del tutto extinta, et sarebbe omnino anichilata si se potesse dar ordine alle due soprascritte persone al che certo usarò ogni diligentia con lo adiuto di Dio, qui Rmam . . . felicem seruet . . . . .